诚信之道

徐立平 主编

上海远东出版社

图书在版编目（CIP）数据

诚信之道 / 徐立平主编. —上海：上海远东出版
社,2021
ISBN 978 - 7 - 5476 - 1712 - 0

Ⅰ.①诚…　Ⅱ.①徐…　Ⅲ.①冶金工业—工业企业管
理—企业信用—中国　Ⅳ.①F426.3

中国版本图书馆 CIP 数据核字(2021)第 115336 号

责任编辑　李　敏　陈　娟
封面设计　权　贝

诚信之道

徐立平　主编

出　　版　上海远东出版社
　　　　　　（200235　中国上海市钦州南路 81 号）
发　　行　上海人民出版社发行中心
印　　刷　上海锦佳印刷有限公司
开　　本　710×1000　　1/16
印　　张　17.5
字　　数　240,000
版　　次　2021 年 7 月第 1 版
印　　次　2021 年 7 月第 1 次印刷
ISBN 978 - 7 - 5476 - 1712 - 0/F · 673
定　　价　128.00 元

序言
诚信铸就未来

　　诚信,自古以来就是中华民族的传统美德,是历经岁月之河淘沥而出的赤纯之金。人无信不立,企无信不兴,中国二十冶集团有限公司(简称中国二十冶)更是将诚信视为企业生存和发展的基石。

　　在东方之珠的上海,在襟江临海的宝山,在世界 500 强中国五矿旗下的核心骨干子企业——中国二十冶的大院里耸立着一座净高 3.2 米、长 2.5 米、宽 1.9 米的青铜鼎,名曰"大诚鼎"。它是中国二十冶"诚信为本"经营理念的象征,对外昭示中国二十冶诚守信、言有信,一言九鼎。

　　在中国二十冶管理中心一号楼入口墙壁上镶嵌着由中国书法家何应辉创作的"诚信为本"牌匾,时时刻刻都在提醒中国二十冶职工在诚信的氛围中开展工作。

　　历经近半个世纪的风雨,二十冶人把传统文化与现代企业精神相结合,构建了"诚信为本"的企业文化核心价值。这是企业自我约束、提升竞争力的动力之源,也是企业在全球经济惊涛骇浪洗礼中乘风破浪、屡创辉煌、立于市场竞争不败的稳固基石。诚信俨然成为中国二十冶的一面金字招牌,一把企业开拓市场的金钥匙。

　　诚为根,信为本,传承为枝叶,方可得正果。在"诚信 团结 敬业 创新"核心价值观的引领下,如今中国二十冶的发展日新月异,由单一的冶金施工发展成为一家集投融资、规划设计、工程建设、运营服务为一体的大型工程总承包企业集团,以"诚信为本"的底色却始终未变。"守信为荣、失信为耻、无信为忧"的氛围在公司内部盛行不衰,职工将诚信意识入脑入心、外化于行,"诚信为本"的经营理念贯穿于企业活动的各个环节、各条业务系统及各项目一线,将"选择二十冶就是选择放心"一次次兑现,演绎出众多重诺守信的精彩诚信故事,并在神州大地广为传播。

中国二十冶特将一批闪烁着诚信理念、诚信文化、契约精神正能量光芒的纪实故事收录到《诚信之道》中,分为"人物篇"和"故事篇"两大篇章,以期通过一组组生动鲜活的人物群像和一个个感人至深的诚信故事,再现中国二十冶"以诚信筑牢安全之基、以诚信锻造服务之魂、以诚信凝聚效益之源"的珍贵记忆。

全书由中国二十冶文学协会会员及文学爱好者撰写,共收录 76 篇文章。有面对疫情,第一时间复工确保后墙不倒的战疫故事;有若有战,必上前,勇担重任、勇挑大梁的一线故事;有急业主所急、想业主所想,站在业主立场提供优质服务的故事;有同时间赛跑,打赢脱贫攻坚战,央企勇担当的扶贫故事;有恪守诚信,严抓安全、质量,建造人民满意工程的故事;有践行国家"一带一路"倡议,央企走出去,在异国他乡展示风采的故事……

"问渠哪得清如许?为有源头活水来。"在逐梦奋进的征程中,诚信文化随同中国二十冶一起奔流前行,不断注入新内涵。中国二十冶打造了诚信的企业品牌,成为行业内诚信经营的排头兵,获得社会各界的认可和赞誉。良好的信誉和业绩使中国二十冶连续多年被评为中国工程建设企业社会信用 AAA 企业,多年被银行系统确定为 AAA 级企业资信等级,多次刷新世界同类工程施工最快速度,合同履约率始终保持 100% 的纪录。

从打下宝钢工程第一桩,正式拉开中国钢铁工业现代化的序幕,到冶金建设行业公认的"高炉之王""连铸至尊""轧机之秀""制氧专业户"和"料场建设先锋",中国二十冶无疑是诚信经营的成功典范。

2021 年是"十四五"开局之年,站在奔向 2035 年远景目标的新起点上,中国二十冶提出了"十四五"时期的工作指导思想:坚持"强基固本、提质增效、守正创新、乘势而上"的总基调,坚持"目标导向、业绩导向、精准施策、提升管理"的工作方针,大兴"诚信之风、契约之风、实干之风、学习之风",着力打造高质量发展的产业竞争力、创新竞争力、市场竞争力、管理竞争力和人才竞争力,开创中国二十冶更高质量发展的全新局面。

"黄河落天走东海,万里写入胸怀间。"面向未来,笃定奋进在高质量发展之路上的中国二十冶,将继续高举诚信大旗,全面贯彻"诚信为本"的经营理念,踏实践行"选择二十冶就是选择放心"的责任理念,以诚信文化凝聚人心,打造诚信建设新标杆。在中国共产党成立100周年之际,谨以此书,赓续共产党人忠诚为民的精神血脉,弘扬中华民族诚实守信的传统美德,传递社会正能量,用实力和担当为中华民族伟大复兴贡献力量,以实际行动向建党百年献礼!

中国二十冶集团党委书记　董事长

目　录

中国二十冶
诚信之道

人物篇

忠与孝的誓言

上海二十冶　梁爽爽

　　"志岭啊，现在光我们县就有好几个新冠确诊病例，你去项目那儿更要注意安全啊。"中国二十冶巴马民族医院项目部安全员石志岭临行前，母亲再三叮嘱。

　　石志岭知道，母亲的叮咛是一种牵挂。母亲把自己养大，在母亲身边尽孝是儿子的责任，但阻止新冠疫情的扩散是每个人更大的责任，是对祖国的"忠诚"，是对企业的"忠诚"。于是，他把对母亲的"孝"深深地埋在心里，毅然踏上阻止新冠疫情扩散的征程。

巴马民族医院项目

逆行返回改造病区的石志岭（左）和潘立卫

2020 年伊始，为遏制病毒的持续扩散，广西启动重大突发公共卫生事件一级响应。1 月 31 日，巴马县委、县政府为解决疫情防控医疗资源短缺的困难，要求在 2 月 6 日前对所承建的巴马民族医院 5～6 层进行隔离病区改造，以作为巴马县集中隔离观察点。

"作为一名党员，就应该有党员的样子，就应该对党忠诚。既然我们申请提前返岗，就要把工作负责到底。"石志岭说道。1 月 31 日晚 11 点，经过极力争取，最终项目部决定由石志岭和潘立卫组织开展隔离病区改造工作。

此时，巴马的各个出入口都已经实行交通管制，外面的物资很难进入巴马县城，其中防疫物资的匮乏远远超出他们的想象。

两个人刚到县城，来不及休息便径直前往民族医院现场，石志岭一方面联系巴马各医院请求防疫物资支持，一方面查看 5～6 层安全施工情况。作为技术员的潘立卫，一边拿着施工图纸一边指挥工人进行施工，在两层 40 间病房之间来回不知道跑了多少趟。工人不足，他们就亲自上阵清运施工垃圾，白色口罩都被灰尘染黑了。2 月 1 日晚 9 点，"华南分公司民族医院隔离病房改造"微信群收到石志岭发来的信息："病房改造 5 楼已全面展开，今晚加班到 12 点，争取明早完成 5 楼改造，2 日可前往 6 楼施工。"

2 月 6 日，隔离病区 40 间病房共 800 平方米改造工作全部完成。

2月7日上午，医院门前道路浇筑完毕，病房全面消毒。

2月11日零点，随着第一批隔离观察人员入住民族医院隔离观察点，巴马民族医院隔离病区的改造项目正式按期交付使用。这对巴马防控新冠疫情意义重大。

"我们在忙改造工作期间，老家新增了十几例确诊病例，我们都很担心家里的情况，但是那时候重任在肩没办法回去，只能抽时间给家里打打电话，希望家里一切平安了。"石志岭在检查项目安全用电时说道。

在战疫前线，他们没有隔离衣、护目镜，只有一只普通的口罩；在任务面前，他们没有誓师会，没有请战书，只靠着朴实的忠与孝的誓言，完成了公司和政府的重托。

丝兰湖畔诚信花开

上海二十冶　闫百合

巴尔扎克说："遵守诺言就像保卫你的荣誉一样。"诚信是为人之本，立身之基。在历史长河中，诚信如同劈风斩浪的巨舰畅行在时光的故事里。

说到上海二十冶华东公司南京丝兰湖二期及琼花湖保障房的项目经理刘加，项目部的同事们评价他"有责任心、对项目成员关爱有加，待人真诚"，业主方说他是"言必信，行必果，一言九鼎的上海二十冶人"。

建筑业是个艰苦的行业，风吹日晒，寒来暑往，十年如一日。在施工一线，常能看到刘加在现场检查的身影。在一次项目周检中，他发现了水电班组补槽不密实的问题，这会导致墙体裂缝。于是，他二话不说拿起锤子直接砸掉补好的水泥浆，只说了一个字："改。"刘加清楚工程建设中最怕的就是小问题堆积。有问题，影响的不仅是工程质量，更严重的是会失去业主的信任，失去整个社会的信任。他常对员工们讲："诚信比什么都重要，要让诚信之花在丝兰湖二期及琼花湖保障房项目中绽放。"

早在 2019 年项目建设初期，南京丝兰湖二期及琼花湖保障房项目就制定了各项创奖目标。刘加提到："身为项目部管理人员，我们必须保证每个环节不出质量问题。创奖不是一蹴而就的。创奖的过程就是我们不断学习、不断进步的过程，也是一个获得信任的过程。"

自开工以来，刘加带领项目团队以临战的状态、鏖战的勇气、决战的魄力分秒必争保建设，深入践行"效率创造价值，创新驱动发展，品

刘加（左一）在施工现场复核图纸

质铸就永恒"的核心价值观，圆满完成业主方的各项指标，多次收到业主方的表扬信。在项目经理刘加的带领下，丝兰湖二期及琼花湖保障房项目双双获评 2020 年度优质结构工程、绿色施工示范工地、2019 年南京市文明标化工地，并在 2020 年度南京城乡建设领域新技术应用视频大赛中荣获铜奖。诚信之根在丝兰湖二期及琼花湖保障房项目越扎越深。

临近年关，新冠疫情再次露头，如何确保节后项目管理人员、劳务人员安全到岗，使项目正常开工、不影响全年工期、项目按期交付业主方，是挂在他心头的头等大事。这也事关他坚守诚信的人生信条。他决定响应公司、业主方就地过年的号召，并号召项目部员工及工人"就地过年，坚守一线"。

为确保项目顺利复工、保障房如期交付，面对兄弟们远离家乡、留在项目的情况，刘加考虑最多的就是如何让大家过一个欢乐祥和的新年。挂灯笼、贴春联、准备年夜饭，该有的一样也不能少，要让大家感受到家的温暖！

他坚信"诚信"才是开拓市场的"金钥匙"。2021 年开年，凭借着南京丝兰湖二期及琼花湖保障房项目良好的履约记录及工程质量，华东公司再次中标南京市浦口区琼花湖文体中心工程总承包项目。

刘加在春节期间挂灯笼

诚信之花再次在丝兰湖畔绽放。

"我承诺，让'头疼河'变风景河"

上海二十冶　田　袁　关　关

从草长莺飞的秀美江南到地广人稀的新疆昌吉，常有人羡慕地说："新疆美！瓜果甜呀！"但只有王金华自己知道在新疆的这两年对他的意义。

2018 年 4 月，王金华作为中国二十冶新疆昌吉市头屯河沿岸综合整治工程项目总工程师，第一次踏上新疆这块神秘的土地，看着窗外陌生的景色，内心隐隐激动。

昌吉头屯河沿岸综合整治工程位于中国新疆维吾尔自治区昌吉回族自治州昌吉市。发源于天山山脉的头屯河，汩汩连绵 190 公里，滋润着乌昌大地，也灌溉着下游的万亩良田。头屯河多年以来一直都是乌鲁木

改造后的昌吉河岸

齐与昌吉市的界河。由于历史沿革、行政区划、属地管理变迁等原因，头屯河基础设施整体规划缺失，植被造景匮乏，河道附近及下游地下水和地表水污染严重，昔日被居民称作"头疼河"。这里距离上海3 900公里，坐飞机都要五个小时，这是王金华工作至今离家最远的一次"出差"。这一去，就是两年。

高度自律，追求卓越

在这两年的日日夜夜，王金华作为项目总工程师为昌吉头屯河沿岸综合整治工程做出了巨大贡献。2020年遭遇新冠疫情，但项目却有序复工复产，工程进度未受影响，王金华功不可没。作为一名老党员，他忘不了刚踏上这块热土时，在项目交底会上，当地的一位领导对王金华说："我们期盼这个工程很久了！希望你们能用内地先进的施工技术和管理方法，把我们的'头疼河'变成风景河！"言情之恳切，使已在建筑行业工作了近30年的王金华深受感动，同时也明白了自己身上的责任。他郑重承诺道："请您放心！我以党员的身份承诺，保证完成任务！"

从气候到风俗人情，都是王金华需要适应的。到新疆的第三天，他因为不适应干燥的天气，流鼻血了。新疆与内地有两个小时时差，新疆上班时间是早上9点半，下班是晚7点半。可王金华两年如一日，一直按照内地上班时间上班，却按照新疆的下班时间下班，当有人问他时，他只是微笑着回答："习惯了。"其实大家都明白——上海的同事们上班了，如果有通知或者联系沟通，昌吉项目部需要有人第一时间回应。王金华默默坚守自己的"考勤时间"，并没有把压力转加给其他人，让大家一起"加班"。

但时间长了，项目部其他管理人员还是跟着王金华一起"加了班"，吃饭时偶尔还有人开玩笑让王金华给大家付加班费。时间长了，大家都发现自己在王金华的带动下，工作效率更高了。

"王工一直都是我们项目部最早起、最晚睡的人，50多岁了，我真佩服他！和他在一起工作学到了很多管理知识、专业知识。作为一名团员，我真心以他为榜样！"从项目成立就和王金华一起工作的工程师田袁谈到"师傅"时如是说。

一诺千金，至诚至信

去年年初，新冠疫情来袭。随着同公司的各地项目都顺利复工复产，王金华"取经"后，镇定自若，积极开展疫情防控相关措施，组织项目顺利复工。

2020 年 7 月 15 日，昌吉项目因乌鲁木齐市的疫情二次暂停，王金华一边指挥按照政策隔离，一边制定新的施工计划。

业主单位的领导打电话到项目部，表示了对项目进度的担心。可王金华却坚定地请他放心："这是一场和病毒的战斗，获胜的一定是我们！只要可以复工，我保证一天也不耽误，尽快恢复生产！我既然承诺了，就一定会做到！"

因疫情期间无法出门，王金华先后组织四次视频会议，重新编制施工计划、配置资源；制定风险源辨识表和疫情防控风险告知单；组建安全培训和技术质量、管理微信平台进行网络在线安全教育、质量教育等，并于疫情期间完成调整后的施工方案编制。

9 月 2 日得到全面解封消息后，昌吉项目部动员全体人员立即进入施工状态。该项目成为昌吉市疫情后第

王金华接受当地电视台采访

一批开工项目，这也是昌吉项目能成为头屯河沿岸综合整治工程进度最快的标段的原因。

如今的昌吉头屯河经过艰辛的治理，已是碧水蓝天，绿树成荫，变成了美丽的沿河公园景区。

"远离家人、孩子来大西北工作，每年只能回家看家人一次，您后悔吗？"当地记者在采访的时候问道。

"能建设美丽新疆，建设美丽祖国，我从没后悔过，我信守了我对项目建设的承诺，有的只是作为建设者和一名共产党员的光荣与自豪。"

一个二十冶人背后的"支撑"

建筑公司　王　达　陈秋红

他，皮肤黑黑的，因为总在一线饱受风吹日晒；他，笑容傻傻的，一看就是个实在人；他戴着安全帽，显得格外帅气，远远地就能看到他坚毅、温和的眼神。他就是中国二十冶南浔頔塘南岸 EPC 总承包项目的项目经理施立军。作为"80 后"，从业 15 年来，他始终不变的是每天早上都准时穿上工作制服、戴上安全帽去现场巡视一圈，回到办公室后挨个打电话安排当天的工作，晚上始终是笑容满面地回到家。因建筑行业的特殊性，他的"事业"与"家庭"有着无法调和的矛盾。

去年，住宅地块正好进入竣工验收冲刺阶段。一天晚上，电话里传来"孩子发烧不退"的声音，在施工一线忙碌的他只能说了句"先带着去医院，我一会儿就过来"。等到他忙完赶到医院已是夜里 11 点了，妻子趴在孩子病床前睡着了。望着妻儿，他愧疚极了。可是，第二天一大早，他依旧早早地来到了施工现场。他是家里的一家之主，同时也是项目的"一家之主"，大家与小家之间有时难免遇上冲突。接受采访时，他笑着说："忙忙碌碌才是工地该有的样子，踏实做事、诚实守信也是施工人员必备的素质。咱们搞施工的哪个没有一大堆的困难，哪个不都是迎着困难挺过去的，只有用心做好本职工作，才能有更大的进步。"他真正做到了舍小家顾大家。

"我现在有个小小的愿望，就是想在孩子过生日的时候，能一起拍张全家福。"妻子说着，神色不免显得有些难过。是啊，似乎每年都有这样的机会，但是每年都会因为各种事情耽误。就拿去年来说，项目住宅地块计划赶在 11 月 27 日前竣工验收，他的女儿是 11 月 20 日过生

施立军幸福的一家四口

日。女儿生日的当天晚上，妻子打完第三个电话后已经是晚上 10 点钟了。于是等他回到家时，只有桌上留着的一块蛋糕和床上熟睡的女儿。其实，他也是一个内心柔软的父亲，他和妻子的爱情与事业，也如"志明与春娇"，从初识到深爱，相互忘不了、戒不掉。于是，妻子带着孩子从老家来到施立军的身边，一儿一女幸福的一家人，她因为对丈夫的爱，对家庭的爱，硬是把俗世红尘的生活，过成了诗和远方。起初，他为了生活选择了建筑作为谋生的本领，而现在这份工作让他对妻子和孩子有很多的亏欠。记得有一次，电视台记者采访时问他的妻子："带着孩子在这边生活有没有觉得辛苦?"她回答："为了他，没办法呀。"当片子在城投集团总结会上播出的时候，他的眼眶湿润了，现场200多人也都泪目了。因为这不仅是他一个人，也是无数工程人心中无法言喻的辛酸。

一天，施立军突然接到项目业主的电话。电话那头十分客气地说："能不能请贵单位的总工程师来一趟项目现场，有一些技术问题需要当面探讨。"由于时间要求很急，在与公司总工程师电话沟通后，当天晚上，公司总工程师便从上海赶了过去，第二天一早参加了由业主召开的紧急会议。原来，由于多方面原因，520 米长的地下室剪力墙出现了温度收缩裂缝。既然工程存在质量问题，就必须马上解决。加之业主陆续进入，时间非常紧迫，要尽可能把影响降到最低，施立军的压力骤然增大。经过设计院结构工程师、公司总工程师和外部专家"会诊"，最终确定这种情况对结构受力和使用安全没有影响，他才算是放心了。在解决这个问题的过程中，施立军始终把工程质量当作企业的生命看待，一丝不苟，就这个问题好几天都在寻找不同专家进行反复探讨。施立军说："'选择二十冶就是选择放心'这不仅仅是一句口号，更是要求我们必须切实做诚实守信的二十冶人。"跟他一起工作的人都知道，他对项目管理的严格、对自己的严格是出了名的。

还是同一个项目、同一个人，唯一的区别是由面对面研究变成了电话沟通，桌上的图纸和图示分析变成了网上交流。为了争取到项目合同外的一项工作任务，就要拿出一个像样的初步方案来。经过两天加班加点的修改，以及与当地一家运河设计院的数次反复沟通后，终于在第三天把详细运河堵坝的初步设计方案呈现在业主面前。业主满意地说："二十冶人真够拼的，技术实力果然不俗，更重要的是说到做到，说三天就三天，讲信用！"说话间，双方都露出了会心的微笑。

诚信——一张无形的通行证

上海二十冶　若　言

孔子曰："人而无信，不知其可也。大车无輗，小车无軏，其何以行之哉？"无论是做人还是做事都需要诚信，它是一张无形的通行证。

中国二十冶顾村市属经济适用房项目有这么一个人——十年间，从超高层建筑到大型商业综合体，再到大型居住社区，他参与建设的工程总面积已超 100 万平方米。不管在哪儿，他一直秉承着"追求卓越，至诚至信"的工作理念，他就是该项目总工程师王琦硕。

顾村市属经济适用房项目是宝山区顾村镇大型居住社区保障性住房项目之一，建筑面积约 17 万平方米，结构形式为装配式混凝土建筑。装配式构件深化设计离不开施工单位与设计单位的密切配合，水电预埋的点位更是要逐点核对，保证每块墙、板的点位预留都准确无误。因核对工作存在专业广、工作量大、图纸不完整等诸多问题，加之建设单位要求两天内完成核对工作，时间紧、任务重。王琦硕接受任务后，首先对接分包技术人员，并将工作任务进行了分派，自己承担主要部分，加班加点进行逐点核对。但是，他偶然发现有技术人员为了节省时间，偷偷略去很多需要仔细核对的点位。对此，他严厉训斥当事人："我们可以有完成不了的原因，但绝对不能偷工减料。做人要讲诚信，工作也是一样，要为我们的业主着想，而不是贪图一时省力，造成质量隐患和风险。"

这段小插曲过后，他与分包技术人员经过两天的通力协作，顺利完成图纸核对工作，并与设计院及时沟通，解决了很多深化设计中存在的问题和不足，为后期构件进场安装及一次性验收合格打下了坚实基础。

王琦硕（右一）就预埋线盒安装位置及固定方式向工人进行现场交底

他用自己的实际行动向建设单位证明了"言出必行，一言九鼎"的工作理念，不仅得到建设单位的认可，还赢得了分包单位的赞扬。

现场施工过程中，王琦硕注重与一线施工人员的交流，并及时指导，保证每一位施工参与者都能理解设计意图，依照施工方案内容正确进行现场施工作业，保障每一个节点的施工质量。他极力推行标准化管理准则，要求各分包单位在可控范围内统一工艺、统一材料、统一质量观念。无论是技术管理还是质量管理，他都认真对待，一丝不苟，绝不容私，秉承着"以诚信待人，以质量服人"的理念，他携分包单位一道，踏踏实实做技术，认认真真管施工。

随着一次岗位调整，他由项目副总工程师提升为项目总工程师。这既是公司和项目部对他的认可，也和他严谨细致、求实守信的工作态度密不可分，特别是他在项目创奖创优工作中的突出表现。

创奖创优是一个项目综合实力和管理水平的体现，全国绿色施工（建造）水平评价和上海市优质结构评审就是其中最突出、最能体现项目整体管理水平和施工质量的两项评奖。全国绿色施工（建造）水平评价注重的是项目在"四节一环保"这五大方面所做的工作和取得的成效。王琦硕在基础数据收集时，细致严谨，一丝不苟，严禁数据不实、数据造假，要求真实反映项目实际情况。评审专家对项目部所做的工作给予了较高的评价和充分的肯定，对所提供数据的真实性、可追溯性也给予了极大赞许。王琦硕对创奖团队说："创奖创优不是造奖造优，是真正落实和践行绿色施工理念。"上海市优质结构评审对项目整体施工管理和建造水平有着极高的要求。王琦硕秉持"不放过每一道工序的施工质量"这一原则，逐项进行检查，有一次现场联合检查时，他发现一处线盒内没有线管，只做了一个假口。经现场核实，因该处线盒预埋位置偏移较大，需在墙体上重新开槽，影响优质结构验收，所以作业人员才采取这种做法。对此，他要求作业人员立即拆除该线盒，并制定专项整改措施。在制定好解决方案后，王琦硕在现场对其他参与检查的分包管理人员说："我们评优创优是要拿出真本领、真东西，不能为了一座奖杯、一个荣誉去弄虚作假。有问题不怕，怕的是我们不敢去面对问题，反而掩盖问题，这才是最严重的错误。"最终，通过全体项目管理人员的共同努力，项目部两栋楼顺利通过上海市优质结构评审。在赢得荣誉的同时，也为项目部和公司赢得了口碑。

墨子曾说："行不信者，名必耗；言不信者，行不果。"王琦硕的诚信，是他职业道路上的一张金色名片，也是传递公司品牌形象的一个活广告，更是打造精品工程、创造荣誉价值的一张通行证。作为二十冶人，王琦硕表示将始终坚守"以诚待人，以信立身"的人生信条，做好本职工作，做好企业与业主沟通的桥梁，以服务赢得市场，以信誉占领市场。

言必诚信　行必忠正

物资公司　李　征　付国凤

　　曹立新，中国共产党党员，1992 年参加工作，现年 49 岁的他一直秉承"诚实守信"的人生信条，经历过的坎坷数不胜数，但是从未动摇过他做人做事的信念。他以实际行动践行人生信条，他的付出获得了企业和客户的认可。

　　以诚信获得客户认同。对客户而言，曹立新是一个诚实守信的合作伙伴。

　　2017 年年初，中国二十冶物资公司为扩大租赁业务格局，拟将单一的租赁业务向基础围护施工推进，但公司缺乏具备土建工程施工经验的管理人员。关键时刻，曹立新临危受命，负责管理南化工地基坑支护工程。

　　由于公司缺乏施工方面的经验，前期组织工作不到位，等到曹立新接手项目时已经耽误了一些时间，业主当时已经有了不满情绪，对刚刚报到的他明确表示了不信任的态度。在这样的不利局面下，曹立新当机立断立下军令状，向业主保证会在规定的时间节点内完成全部基础围护工作。

　　只有如期完工，才能兑现对业主的承诺，维护企业的诚信形象。南化工地基坑支护工程自开工以来，由于种种原因，工期滞后，要想按照原施工部署完成工期节点的要求已不可能。在这种情况下，曹立新迅速对施工工序、施工技术、施工管理等方面进行全方位调整。

曹立新在现场对施工钢板桩进行检查

为了兑现对业主的承诺，曹立新身先士卒，极大调动了全体管理人员和参建队伍的积极性，炎炎烈日下、倾盆大雨中、凛冽寒风里都有曹立新的身影，他与项目全体人员同吃同住，利用一切可利用的时间，通过不断发现问题、分析问题、解决问题，逐步提高施工速度。最终南化工地基坑支护工程如期完工，重新获得了业主的信任。

以诚信赢得员工信赖。对员工而言，曹立新是一位诚实守信的领导。

2020年春节，突如其来的新冠疫情迅速蔓延开来，此时的曹立新已经成长为物资公司珠海租赁站站长，负责公司在珠海乃至整个广东地区的钢板桩租赁和基础围护施工业务。在得到公司复工指令的第一时间，他就安排部门员工选择出发日期和交通工具，尽量在比较集中的时间段内到达珠海，避免重复集中隔离。

经过共同努力，终于在2月11日完成部门全体职工在珠海租赁站办公地点的集结任务。然而，面对变化的疫情，珠海当地政府采取了延长外来人员隔离时间的举措。同时，受整个市场萧条的影响，珠海站面临一段时间内无法开展对外经营活动的困境。员工身在外地，又被集中隔离，不能营业甚至不能随意出入工作区域，逐渐产生压抑情绪。此外，大量作业人员因无事可做而担心没有工作报酬，影响收入。

在了解了员工的想法后，曹立新选择了化被动为主动的工作方式，鼓励员工与其无所事事地等待，不如主动作为，特殊时期不能对外经营，那就勤练内功、修旧挖潜。在他的带领下，部门员工在停工隔离期间，把所有钢板桩都筛选了一遍，将变形、破损严重的找出来进行矫正和修补。作为承包部门负责人的他，向员工做出承诺——隔离期间工资正常支付，维修工作会计件奖励。事实证明，他所作出的承诺都一一兑现了。他以实际行动打消员工顾虑，极大地鼓舞了员工的干劲和士气，部门全体人员在隔离期间不但保持了情绪稳定，还通过维修提高现存钢板桩的质量，为全面复工复产之后迅速赢得市场打下了坚实基础。

言，在于沟通，在于表达；行，在于实际，在于付出。两者一致，达到诚信，达到正直。所谓言必诚信，行必忠正，曹立新无论在哪个岗位都能不违背本心、做好自己，把最好的东西分享给他人，真正做到诚信、做到正直，他以实际行动诠释着企业"诚信为本"的经营理念，为提升企业美誉度做出了积极贡献。

小信诚则大信立

投融资事业部　李　兵　刘　媛

诚信是为人之本，是立国之道，更是我们中华民族的传统美德。不论何时，诚信一直被当作衡量个人品德的尺子。没有诚信，一个人很难在社会上立足；没有诚信，一个企业无法在行业中长存。中冶祥腾城市广场作为中国二十冶控股的一个商业综合体，一直把诚信放在商业运营、物业管理的首位，将"以诚为本"贯穿于商业运营之中。

物业管理部是与 150 个商户接触最为密切、服务最多的部门，承担着整个商场的工程维修、设施设备的维护保养及物业费、水电费的催收等物业管理工作。工作量大、涉及范围广，面对商户的报修必须在第一时间赶到现场并进行处理，稍有不慎，即会面临投诉及经济赔偿，更有甚者会影响商场的信誉。其中的公共区域的设备维护保养更加重要，这关系到人身安全，社会责任重大。

王豹作为该部门物业、工程维修班长，他对"以诚为本"有着深刻的理解，他相信小信诚则大信立。在工作中，他以诚信为座右铭，时刻为用户着想，在平凡的岗位上任劳任怨，积极为商户排忧解难，出色地完成了各项工作任务，为公司赢得了信誉。

不翼而飞的水电

在日常工作中，王豹作为身处一线的维修人员，为公司各部门服务，为商场所有商户服务。他说，信任是建立在相互理解、相互诚信的基础上的。如果要别人诚信，首先要自己诚信。在商场里，商户对应缴的物业费、水电费等费用很敏感，遇到商户拖欠物业费，他首先从自身找原因——是否因为承诺解决的问题没有及时解决或者问题处理不到位。一楼商家新旺茶餐厅开业半年，水电使用量较大，店长对征收的水电费用存疑，迟迟没有缴纳物业费。王豹了解了情况后，经过初步核实，发现水电的使用量确实不寻常，主动约店长到店里查看设备的使用情况，店长面露不悦，但还是勉强同意了。王豹带着梯子和工具，上上下下、里里外外仔细检查，耐心询问店员后，发现店里的烤箱、排烟风机、空调是用电量大的设备，早上 7 点第一个到店里的后厨备料人员进店就把这些设备打开，这些设备一直运行到晚上 12 点最后一个工作人员离店。有两个水龙头一直开着用流动的水解冻食品，冲洗厨房的水管也一直开着。他把这些情况反馈给店长和厨师长，建议对排烟风机、新风机、空调做运行管控，排烟风机、新风机在后厨炉灶或烤箱运行时再打开。水龙头也做到使用时打开，不使用时及时关掉，并做好对店员的宣讲，建立节约能源的奖罚制度，建议店里每天抄表，以方便分析能源使用情况。在此后的一个月时间里，他每天检查店里用电用水情况并抄表，发给店长予以确认。一个月过后，店里电费对比前两个月节约近三分之一，水费节约近四分之一。于是，店长和王豹从陌生到熟悉，对他的态度也从满面冰霜到笑脸相迎。在王豹的帮助下，店里找到了高额水电费的症结，节约了营业成本，店长消除了疑虑，自觉主动缴纳物业费。王豹通过自己的诚信守职，带动身边人自觉讲诚信。

独闯"水帘洞"

王豹常说，专业是诚信的基础。除完成日常调派维修任务外，他按照工程部计划严格实施设备设施的保养；努力学习相关技术，熟练掌握现有物业设备设施的原理及实际操作与维修技能，同时他积极配合各部门的工作，出现紧急事故时无条件迅速到达，全力做好抢修工作；严格执行所管辖设备的检修计划，按时保质保量地完成。他对工作一丝不苟，不断提升专业技能，为更好地履行工作职责、诚信服务打下了坚实基础。

2021年1月，中冶祥腾城市广场受极端天气情况影响，最低气温降至零下8摄氏度，物业提前做好了公共区域的设备防冻措施。各种管道都包上了加厚保温层，并增加工程值班人员的巡视频次，做到有重点检查；管道有渗水或裂纹的，及时采取措施；及时通知各个商户做好防冻措施，裸露的自来水管或龙头增加保温；如

王豹工作照

果有条件的，放空管道内的水。尽管考虑得如此周详，意外还是未能避免。1月15日早上，正在吃早餐的王豹接到商场2楼商家韩宫宴的报修电话，听到"水管爆裂"几个字时，他马上意识到事情的紧急性和严重性，扔下早餐跑向该商家。赶到商家时，冷水像喷泉一样从爆裂的水管喷洒下来，厨房变成了"水帘洞"，店员乱作一团、手足无措。头脑冷静、思路清晰的王豹赶紧进入厨房，只见他先关掉该区域的电源总开关，由于当时后厨的工作人员描述不清到底是什么管道爆裂，他只能冒水凑近查看，隐约看到水雾中有个消防喷淋头，由此判断应该是消防喷淋头爆裂。顾不上全身湿透，他爬上吊顶把该区域的消防阀门关掉，打开防水阀门，喷水的地方水势明显减小，再用消防水带的一端套在爆裂的消防喷头上，另一端放进排水沟里。一系列动作在10分钟内行云流

水、一气呵成，及时制止了水势的扩大，漏水点也止住了。可是，王豹全身已经湿透，商家的工作人员劝他赶紧把湿衣服换掉，以免感冒受寒，但是店里早上 10 点就要开门营业，如果不把厨房地面上的积水处理干净，他们就无法正常营业。王豹深知保证商户正常时间的营业是每一个物业人的责任，也是诚信服务的体现。于是，他顾不上换衣服就迅速配合商场的保洁人员、商家的工作人员把积水清理干净，然后还不忘把用电设备检查一遍，确保可以安全送电，待一切都恢复正常后，已经 9 点 50 分。店长得知问题已经得到妥善处理，10 点钟可以正常营业，感激之情溢于言表，为王豹的专业和敬业精神竖起了大拇指！

言出必行的陌生叔叔

在王豹心中，诚信的物业人员不光要对商家负责，对进入商场的每一个顾客也要尽心尽责，责任心是诚信的出发点。去年五一小长假，商场的客流增大，商场增加了巡视人数和频率。他在巡视时，突然看到一个 4 岁左右的小男孩在人群中茫然地大哭，立即上前询问情况。经过了解，他得知：小朋友找不到妈妈了，但是又说不清楚妈妈的姓名和手机号码，急得直哭。当务之急是先安抚好小朋友的情绪，"小朋友，别着急，叔叔一定帮你找到妈妈！"他蹲在小朋友身边跟他聊天、讲故事，在原地等了 20 多分钟，依然没等到小朋友的家长。他一边通知客服台通过广播的方式寻找小朋友的家长，一边寻求保安和保洁的帮助。最终，在大家的帮助下，找到了小朋友的妈妈。原来是妈妈去卫生间时，小朋友跑丢了，由于商场人流较大，妈妈楼上楼下找了几遍都没找到，心急如焚，正准备报警时，听到了商场的广播，才赶到服务台来。妈妈激动得热泪盈眶，紧紧抱着孩子，服务台客服人员安抚好妈妈的情绪，告知她以后避免和孩子走散的注意事项，妈妈一边感谢一边应诺。因为王豹的责任心和爱心，使顾客免于一场意外，也为商场的诚信服务赢得了口碑。

由于工作出色，王豹连续多年被公司评为"先进个人"，所在部门也多次被公司评为"先进集体"。

在王豹身上，大家能看到诚信体现在他对待每一件事情的态度上，体现在他处理问题的每一个细节上。他始终坚持小信诚则大信立，星星之火，可以燎原！我们每一个人都要成为"王豹"，积小流成江海，积小信成大信。坚信通过我们的努力，一定会使我们的企业立于行业前列，发展之路越走越宽。

筑牢诚信之基　建造品质工程

建筑公司　宋丹丹

诚实守信是当前道德建设的重点，是社会主义新时期的需要。待人以诚信，人不欺我；对事以诚信，事无不成。

在日常的工作和生活中，我们总会遇到这样一类人，对工作保持至真至诚的担当，对项目坚守至情至信的信念，对他人报以至善至美的态度。他们默默无闻，用自己的激情燃烧着岁月，闪耀着光芒，照亮前行的路。中国二十冶就有这样的一个人——高艳杰。

对工作负责　至真至诚

中国二十冶浙江金华 EPC 总承包项目金西区块公寓式安置房（一期）位于白汤下线以东、安正路以南，这个项目在八个地块当中最为偏远，开车到项目总部不堵车也要 40 分钟。曾有人开玩笑说，高经理开一次会为了不迟到估计要比别人早走一个小时，他总是笑着说："这有什么？早起精神好！"他始终自律，从不道苦，不管是大会、小会，也从未迟到过。

从印尼到金华，从国外到国内，无论是在哪个项目，高艳杰始终严格要求自己，对工作认真负责。在印尼，他是工程部副部长；在金华，他是项目负责人兼工程经理。

对于职责的转变，他没有丝毫懈怠。高艳杰深知肩上的担子重，于是更为勤勉、严谨。他每天到达施工现场的第一件事，就是了解各个机械设备的运行状况、劳动力的安排及材料供应的情况，及时调配人、机、料，以达到最合理的状态，高效完成每天的工程任务。他坚持过程

高艳杰

的严细管理，将工作重点放在计划的实施和监督检查上，按照每周例会的工作安排，认真分析存在的问题和面临的困难，从方案制定、组织实施、机具配置、人力调配等环节，层层落实，科学管理，规范文明施工，细化到各工序。你总能看到他步履匆匆，身影忙碌，但饱含激情。

清晨、深夜，他扎根现场，从未缺席项目的成长。

作为项目负责人，高艳杰除了关注自我要求的细节，还坚持对项目内部开展精细化管理。在他的带领下，项目部全体人员抓细节、强管理、重效率，兢兢业业保证现场施工有条不紊。

对项目坚守 至情至性

中国二十冶浙江金华 EPC 总承包项目金西区块由 12 栋 16 层高层和一层地下室组成，建筑面积达 116 895.3 平方米。施工初期，由于施工现场存在不良地质，项目建设首遇难题。

"老高，工程进度能保证么？"金西项目刚开工，高艳杰就天天被业主、监理单位追问。作为金华市重点民生工程，项目的建造受到居民广泛关注。一天，大家正在现场忙着挖土、出土，管工程的方磊急匆匆地跑来跟高艳杰说："经理，现场的土质有点问题，你赶快去看一下。"高艳杰马上赶到现场，认真地观察了一会儿，他立刻让方磊联系勘察单位，对现场的土质进行勘察，开展地质分析，计算基础承载力。没几天，勘察单位就出了勘探结果，受现场的土质影响，基础的承载力不够，根据现场施工条件和设计要求，项目需要增加旋挖桩施工，以保证房屋基础坚固。项目监理单位知道这件事后，马上跑到高艳杰办公室，急匆匆地问："老高，工程进度还能保证吗？"面对突然增加的施工工序，高艳杰思索：这个项目本来工期就紧，现在又增加了这么多的施工任务，更得抓紧时间保质保量地干，可不能给中国二十冶拖后腿啊！只见他沉思片刻，然后回答道："我们保证'一天也不耽误，一天也不懈怠'，争取如期完成施工任务，请你们放心！"因此他身先士卒，陪跑全过程，既不怕吃苦，也不怕担责。组织现场施工人员，通过"白加黑""两班倒"、合理交叉施工等工作方式，终于克服雨天、噪音等困难，达到文明城市创建要求标准，在历经多重考验后，顺利完成旋挖灌注桩 1 299 套，且比原计划工期提前 12 天，为项目建设创造了有利条件。高艳杰的努力让项目总监都忍不住地夸赞："高艳杰说到做到，值得我们相信他！"

通过两年的不懈努力，金西项目趋于成型，目前已处于竣工验收阶段。项目建成将安置居民 720 户，在推进区域城市化进程的同时，让广大居民顺利入住新家园。

对他人担当　至善至美

高艳杰说的很少，却用行动说话。

有一次，项目部与汤溪中学开展篮球友谊赛活动，校长无意中聊到初一（七）班有个女孩儿学习挺好，但家里很困难，父亲早年去世，一大家子全靠母亲一人打工维持生活。高艳杰听说情况后立即跟校长沟通："这个孩子，我想帮帮她，虽然可能承担不了所有，但也想尽点自己的心意。"回到项目部后，高艳杰就和项目上的同事简单地说了助学的事情，让大家自愿参与。在他的号召下，项目部人员自发组织了一个捐款仪式，并推选高艳杰作为代表走访贫困学生家庭，为她送去大家的一点儿心意。自那以后，高艳杰隔一段时间就会问问小女孩的学习、生活情况，节假日项目上组织开展团建活动的时候，高艳杰也会邀请她参加。高艳杰始终牢记作为一名共产党员肩负着的责任和使命，积极发挥引领示范作用，鼓励身边的人投身于建设事业中，传递爱心，点亮梦想。

在管理项目的过程中，高艳杰还积极响应公司的号召，打造学习型项目。他安排项目部成员合理利用业余时间，对项目新生力量给予指导和引领，鼓励大家专注提高个人的专业能力和综合能力，多考证，多钻研，努力成为建筑行业专业人才。

两年多的付出逐渐凝聚成一个实体，项目的成功建成是对所有付出的肯定和见证。前路坦荡荡，未来皆可期，高艳杰再次出发。目前，高艳杰不仅负责金西项目的收尾工作，还担任中国二十冶北门菜场迁建项目负责人。道阻且长，行则将至，他将继续坚守诚实守信的信念，以诚信为基，用激情燃烧岁月，用时间见证付出，建造品质工程。

"诚信工程"建设者

北方公司 张 雨 张 习

"处己、事上、临下，皆当如诚为主。"

诚信作为企业信誉的基石，是立身之本、兴业之道，它是企业宝贵的精神财富和价值资源。在工程建设中，无论有多少高科技的机械设施，有多少高精尖的专业技术人才，只要工程项目生产经营过程中出现了诚信问题，就失去了诚信价值，就会消失在市场浪潮中。

工业项目部是北方公司的一个常设机构，它的前身是河北二十冶工程承包分公司。项目经理宋宁与他的团队作为北方公司践行"冶金建设国家队"道路上的开拓者，带领全体项目员工奔向美好未来。

诚信，是打开市场大门的钥匙

熟悉宋宁的人都知道，他在日钢项目有个"宝贝"大院子，里面放满了这几年施工过程中省下来的钢筋头、螺丝、螺母等小零件，还有些待处置的废旧物资。项目员工也都形成了共识，缺啥东西了，先去院子里找，找不到再去买。

偶然间，项目的一名年轻员工看见隔壁项目部在卖废旧物资，便十分懵懂地问宋宁，他们为什么要留着这些废旧物资。宋宁非常严肃地告诉他，处理这些废旧物资的费用早就在承包合同的损耗费里面了，这意味着业主已经提前支付了这部分费用，公司也有处置废旧物资的制度和办法，一切行为都要按照规章制度进行。央企，就要堂堂正正；共产党员，就要有责任担当。

宋宁以身作则，为"小树苗"在日后能长成参天大树扎稳根基，同时也在业主的心中留下了节俭、诚信的好印象。凭借一贯严谨的工作作风和正直诚信的人格魅力，宋宁带领的工业项目部在业主心中就是守信用、讲诚信的代名词，成功打开了冶金工业市场的大门，为后续订单的签订奠定了诚信基础。

确保工期，用企业精神和理念兑现承诺

2020年是工业项目部下属河北鑫达项目大干的一年，受疫情影响，为弥补两个月的工期，项目组建了赶工期突击队，宋宁无暇顾及因感冒引起的高烧及沙哑的嗓子，带领项目管理人员不分昼夜7×24小时驻扎现场，每天只睡三四个小时。历时一百多天，终于赶在节点前五天，完成了项目热负荷试车并顺利产出成品，用"一天也不耽误，一天也不懈怠"朴实厚重的中冶精神完成了对业主的承诺。

宋宁现场工作照

质量是生存之基。没有质量，就没有安全，更没有效益。对于质量管理，宋宁对业主的承诺是："'选择二十冶就是选择放心'的责任理

念，就是你们的'质量监督锤'。诚信为本，我们施工的每个地方和每道工序都接受监督和检查。"只要有隐蔽工程和关键工序，项目部肯定就会有专人旁站。正是因有这个态度，河北鑫达项目自始至终无一起重大质量问题和质量事故，确保了热负荷试车一次顺利完成，兑现了对业主的承诺。

完成目标任务，做"诚信工程"的建设者

每年，项目部都和公司签订目标责任书，约定当年要完成的任务目标。但是，项目建设总是伴随着不确定性，每年能圆满完成目标的项目寥寥无几。

宋宁坚守对公司的承诺，工业项目部下属河北鑫达项目成立之初，项目团队团结一心、精心组织，严格把控经营风险，优化施工方案，灵活物资采购，超额完成各项经营业绩指标，在年底的经营业绩考核中取得了第一名的好成绩。同时，在 2020 年两次劳动竞赛中获得"优胜单位"称号；在公司的表彰大会上，获得了"优秀项目部"荣誉。项目经理宋宁被中国二十冶评为"劳动模范"。这些荣誉的背后，是宋宁，是工业项目部多年如一日恪守"诚实守信"诺言的成果。他们不仅仅是工程项目的建设者，更是"诚信工程"的建设者。

"不曾磨损"的承诺

上海二十冶　梁爽爽

坐在叫作"蹦蹦"的三轮车上，伴随着沿街的叫卖声，上海二十冶巴马项目部人员来到国家级贫困县——广西巴马瑶族自治县。

早就听说巴马是有名的"长寿之乡"，但跋涉了七个小时的盘山公路，看到的破旧县城似乎与长寿之乡有着不小的差距。

"这就是我们未来扎根工作的地方！"项目经理胡万君扯着大嗓门喊道。2016 年，胡万君带着他的团队来到巴马县，要完成的第一个项目就是日后被称为"不可能完成的任务"，即五个月内完成寿乡大道、文化街、城北路建设通车。

巴马旧城改造项目寿乡大道航拍图

怎么办？冶建人特有的倔强撕扯着上海二十冶巴马项目部所有人的心。在他们的心中没有什么是不可能的！没有什么是无法完成的！

他们的心中只有一个字"干"！用胡万君的话说，这就是最大的政治，这就是最好的承诺。

项目前期调研了解的情况是，当地施工材料匮乏、劳务队伍短缺、地下管线复杂。一个个问题换作别的地方或许只是小问题，但在这崇山峻岭深处的巴马却犹如拦路虎一般挡在了项目部面前。一面是县委县政府要求在60周年县庆前完成道路施工，一面是人力物力的短缺。

"党员冲在前！大家跟我上！"在项目动员会上，项目经理胡万君说道："干不好就要丢市场。虽说丢了市场可以再找，但兑现不了承诺，就永远无法挽回失去的信誉。这是我们万里长征的第一步，必须按照要求不折不扣完成任务！实现我们的承诺！"

项目开工初期，遇到很多棘手的问题，项目部不等不靠，主动去县政府各部门市政管理局、电力局、电信局、自来水公司等单位协调。胡万君牵头建立了县有关方面工程协调例会制度，建了两个微信群，将各方资源做到了衔接紧密，协调有力，节约了资源，提高了工作效率。

整整几个月，胡万君带领项目团队每天早上不到6点钟起床，步行到工地进行现场检查，了解现场施工进展及安全隐患已成为惯例。文化街道路改造工程直至7月27日才具备开工条件，面临还有3个月就要召开的县庆活动，时间是异常紧迫的。项目涉及3所学校、4所大中型幼儿园、1 000多家商铺，道路宽度仅11米，菜市场人流多，施工难度大。胡万君要求作业班组每天安排的施工内容必须完成，并且及时恢复道路通行，道路采取限时、限段、限行措施，加大夜间施工的强度和力度。因文化街道路改造涉及路面加宽，临街民居和商铺必然会受到影响，项目员工就白天忙施工，下班后则分头出击主动与百姓沟通——修路是为了改善大家的出行、促进巴马县的经济发展的利与好。在不辞辛劳地耐心沟通后，项目工作得到了当地百姓和商家的理解和支持。尤其在县庆前夕，为确保照明亮化工程的调试节点，项目团队和施工人员一

胡万君（左二）及团队在施工现场讨论技术难题

道连续加班坚守在施工一线，冒雨在现场指导调试，直至工程顺利交付使用。

在巴马县庆 60 周年庆典上，上海二十冶作为重要项目建设者受邀参加庆典。巴马瑶族自治县领导感慨地说："五个月内完成三条道路的施工建设，上海二十冶真是创造了'巴马速度'！真正兑现了你们的承诺！"

孔子曰："人而无信，不知其可也。"守着这份承诺，五年来，巴马项目部在巴马县承接了一个又一个工程，工程项目始终在变，但唯一不变的是他们的信守承诺。

2020 年 8 月 22 日，巴马瑶族自治县县委、县政府的一封感谢信交到了胡万君的手中。信中写道："感谢你们多年来的付出，感谢你们多年来不曾磨损的承诺……"

手里握着感谢信，胡万君望着窗外寿乡大道上川流不息的车流，近五年来，巴马建设团队奋战基础设施建设的点点滴滴历历在目。"不曾磨损的承诺"就是对他们最好的认可。

锻造新时代的"算量匠"

建筑公司　陈秋红

　　有那么一位可敬可佩的老师傅，我们都叫他安师傅。安师傅叫安吉福，今年 56 岁，自 1981 年在中国二十冶参加工作以来，他从一位普通平凡的钢筋翻样工成长为现在的土建钢筋"算量匠"，他勤恳执着，兢兢业业，是诚实守信的典范；他严格要求自己，刻苦钻研业务，有着"螺丝钉"般的钻研劲头；同时，他又锱铢必较，不讲情面，用经营算量管理制度严格要求自己。

　　安师傅始终坚守着"诚信为本"的理念，在中国二十冶灿烂的星空版图里，点亮那颗耀眼的"诚信之星"，闪烁着独特而辉煌的光芒。记得去年深秋的夜晚，正值项目开工的重要阶段，从经营办公室外面看，里面的灯光总是格外地亮，室内端坐着一个人。慢慢靠近，急促的鼠标点击声和纸张翻动声会越来越大，那是顶着黑眼圈还在忙碌的安师傅。

安吉福工作照

前几天，在下班的途中，我开玩笑地问他，"安师傅，请问您啥时候能休息一天啊？"

"不行啊，审计结算，我答应人家这周审完，等这周完事儿就休息。"但我们都知道这周审完，还有下一个结算……安师傅对审计工作的孜孜不倦夯实了企业的诚信底气。

平凡工作　简单执着

把每一件简单的事情做好就是不简单的事，把每一件平凡的事情做好就是不平凡。安师傅并非经营预算专业科班出身，以前甚至都不会用电脑，基本上都是趴在图纸上手算，但是既然选择了这份工作，他就努力地熟悉经营预算制度、各项经营法律法规、努力补足短板。他认真对待每一次土建钢筋算量、每一笔钢筋计算的笔记、每一页算量报表的编制等等。一点点学习，一步步实践，40年的坚持，他早已从最初的"门外汉"蜕变成如今的行家里手了。

安师傅的徒弟告诉我，有一件事他印象特别深刻，也正是因为这件事，他对安师傅更加崇拜。有一个冶金项目，在进场交接时，前任审计公司不仅不配合，还提前撤离，留下一堆烂摊子。"中国二十冶的结算绝对不能也不会断档！"安师傅当即向项目部立下军令状，并马上着手提前进场，他亲自进驻到一线，协调人员、补充资料、整理变更图纸……整整一周，他每天电话不下百个，睡眠不足五个小时，这样不辞辛劳的付出最终换来了项目审计的顺利过渡，赢得了业主方的充分肯定。

言传身教　亲力亲为

"这老头太厉害了！"

"你好厉害啊，把这个模型建好不得了啊！"

"太牛了！"

"算量大神！"

这是甲方审计对安师傅的评价。湛江4200设备基础对量中，在标高多、异形区域变化大、底标高不等的情况下，提前一周完成。

审计公司看到他都是以学习的态度请教，几年过去了，一直保持联系、互相学习。现在有很多人都请教他——同行、工人、软件开发商，他都会一一回答，毫无偏私，就算一时回答不上来的，他也会事后琢磨研究，最终给对方一个解决方案。为此，他还建立了模型算量交流群，从起初的两个人发展到100人，给大家提供了交流平台，为解决问题拓宽了渠道。安师傅一直保持着一颗对知识不断渴求的心，保持着一贯的低调和幽默，正如他所说——踏踏实实做事，通往成功的路上，除了诚信之外，没有其他捷径可走。

积沙成塔　厚积薄发

常常听安师傅说起一件事——有一次赴项目施工现场进行钢筋对量，看到一个小姑娘在电脑上很娴熟地摆弄三维画面，经过攀谈才知道小姑娘运用三维模型进行算量，又快又准确。回来后，他一直琢磨这件事儿，心想：一个小女孩儿都会三维模型算量，我为什么不能！怀着这样的决心，他认真研究学习，日复一日地不懈钻研、深耕细作，终于收获了累累硕果。几年来，他应邀参加上海地区BIM土建计量平台广联达BIM5D建模大赛活动，凭借丰富的专业知识，荣获"算量专家用户""算量达人""最佳BIM老师"等称号。

安师傅从不会用电脑的"小白"转变到现在的算量行家，提高了效率，缩短了时间；从手算钢筋转变到现在BIM5D模型，避免了手算繁琐、漏算、重复计算的弊病；从第一次培训学习听不懂、跟不上的状态到现在人人都佩服的老师，对向他请教的同事无论大小事、难易事，只要答应了，就必定是毫无保留地全盘托出……就是这么一股诚实守信的实在劲儿得到了大家的认可，并感染了所有人，成为业内行家和诚信标杆。

有志者事竟成，成功不是一蹴而就的，安师傅在学习过程中遇到很多难题，印象深刻的就是设备基础异形区域的模型处理。比如，设备基础扎沟底标高不一致，顶标高从两侧向中心有斜坡，存在斜坡的钢筋混凝土构件很难同步处理的问题，请教了很多老师都无法解决，只有手工计算。像这样的设备基础异型区域建模还有很多很多，有异型挑檐、异型梁、异型墙等等。面对这些难题，安师傅从未退缩，他总是迎难而上，自己一点点儿琢磨，一点点儿攻破难关，经常早出晚归。功夫不负有心人，他的持之以恒、坚持不懈，终于研究整理出一套针对复杂设备基础建模的方法。按照这套方法可以快速高效达到规范标准和图纸的设计要求，有序完成设备基础的建模。

不忘初心　诚实守信

"人不诚信，不坚守承诺，就什么事也做不成。"这是安师傅经常说的一句话。多年来，他用自己的实际行动，赢得业主对他的信任，也给企业赢得了诚实守信的良好口碑，使其成为当地的品牌企业。多年来，他用这句话成就了自己。

安师傅还时常叮嘱我们这些新员工——做任何工作都不能忘了诚信。只要你耐心细心，有一颗"诚实守信"的心，就一定能把工作做好。"用心、守信"是通往成功道路的法则，他以实际行动向全体建筑人诠释了这个朴素而又简单的道理，这也是安师傅人生取胜的最大法宝。

企业的发展总是需要那么一股栉风沐雨、砥砺奋进、不忘初心、继往开来的精神和劲头。一滴水融入大海，它将变成永恒；一个人钟情于自己的平凡岗位，他的人生就会很精彩。凭着对工作的积极热情，安师傅用平凡的工作行动做出不平凡的工作业绩，在平凡的工作中成就了不平凡的自己，铸造了精彩的人生。

庄严的承诺

安装公司　肖同剑

　　《论语》中说："人无信不立，业无信不兴。"诚信是做人之本，会让人受益一生；诚信是立业之基，是企业长足发展的基石。作为一名有着 22 年工龄的老员工，在与企业一同成长的过程中，对"选择二十冶就是选择放心"这句话也有非常深刻的理解。对我们来说，这是一句口号，更是一个庄严的承诺，一种责任、担当与诚信的象征。

　　宝钢五冷轧带钢工程（一期）2006 年 1 月 20 日开工，2008 年 9 月 28 日竣工。历时两年多的建设，不仅让我见证了一座钢厂的拔地而起，也让我一次次近距离地感受到中国二十冶的企业精神和诚信文化。对我们来说，诚信就是将对团队的承诺、对业主的承诺落实在行动中，体现在结果上，将承诺变为沉甸甸的责任与担当，变为精心铸造的优质工程。

　　李航是宝钢五冷轧电装项目部的带头人，作为项目经理，他虽言语不多，却是个十足的"工作狂"。他几乎每天都是第一个到项目上，最后一个走，广阔的五冷轧施工现场他每天都要转上七八遍，哪儿的桥架该做侧弯了，哪儿的电机该放电缆了，哪儿的端子箱该接线了……他都了如指掌。他坚持"人无我有，人有我精"的施工理念，在不断发现问题和解决问题的过程中，将工程质量推向一个又一个新高度。

　　一次，轧机电气室刚放完一批 3×150 毫米、3×185 毫米等大规格高压电缆，为不影响后续高压电缆终端制作，要马上进行绑扎固定。这些电缆被顺利穿入高压柜，但绑扎却遇到了问题。因电缆太粗太重，刚在上线架上固定好，上面稍微一动，只听"砰"的一声，绑扎带就崩开

李航工作照

了。为了将电缆牢牢固定，只能采取以前绑扎大截面高压电缆时上下左右多个方向进行绑扎的常用方式。当我站在走线架上卖力绑扎时，总感觉有双眼睛在盯着我，我下意识往下看——是李航。

"小肖，你这左一道、右一道、上一道、下一道的绑扎太难看了，两根扎带固定不住吗？"

"勉强能固定住，但稍微一动容易崩开，这么大的电缆要是从盘柜里掉下来，太危险了，领导给想想办法呗！"

李航点了点头，转身走了。

对此，我并没有太当一回事，毕竟我这个一线工人与他这个项目经理之间隔着好几个层级呢。过了大约一个小时，李航又过来了，手里拿着一根 4×30 毫米的铝带。

"小肖，用这个铝带做一个'Ω'型的抱箍卡子，把电缆箍在走线架上试试。"

说干就干，我接过铝带，按照李经理的想法量好尺寸后，在台钳上一阵"叮叮当当"的敲打，抱箍卡子成型了，钻好固定孔往走线架上一固定，既牢固又美观。

"这卡子也太实用了！"我惊叹道。

"以后大电缆就用这个方法固定。"一向不苟言笑的李航说完这句话就微笑着转身离开了。也许在他心中没有比解决掉一个工程问题更开心的事了。

在不知疲倦地勘察现场中，李航还改进了桥架立柱安装顺序和桥架托臂螺栓穿孔方向，使电缆桥架整体更加美观；将变压器室上线架改用槽钢悬吊门型架与梯级桥架结合使用的方式，更加便于业主今后检修；规定电缆绑扎时，绑扎带的绑扎距离和方向，让敷设好的电缆如流水瀑布一般整齐……一系列工程技术和施工方法的改进使工程质量和工程进度有了质的飞跃。

在后续召开的几次观摩会上，这些经过改进的工程技术和施工方法广受兄弟单位、监理和业主的好评。时任宝钢分公司副总经理张建中曾由衷地赞叹："中国二十冶项目经理部策划到位，控制有效，不仅满足规范标准要求，而且让人有一种美的享受。"

刘春利是电装公司五冷轧项目电气安装班的班长，也是一名复转军人。"无条件地执行，坚决完成任务"是他们班组文化建设的精髓，这句看似普通却又铿锵有力的话，总能让他即使在承担最艰苦、最困难、

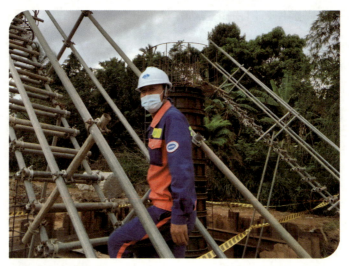

刘春利工作照

要求最高的任务时，也能出色地完成。

五冷轧常化酸洗机组进入施工高峰期时，大批量的机组电缆需要敷设，为确保在既定的时间节点顺利完工，班组成员全部投入到了常化酸洗机组——放电缆、打通路径、穿线接线……每个人都绷紧了弦、拉满了弓、铆足了劲。

这天上午，刘春利正在电缆库查找下午要敷设的电缆，电话铃突然响了。

"刘哥，常化酸洗机组有两个传感器坏了，麻烦你找人来换下，重新接一下线，就差这两个点没打了。"调试班组的同事说道。

"好的，马上过去。"

说完，刘春利快速地在脑海里过了一遍班组成员正在干的工作，都很着急，哪个都抽不下来。于是，他就背上工具包自己去了。

在他拆卸传感器的时候，心口疼的毛病突然又犯了。此时他手上的动作虽然没有丝毫的变化，依然还是那样利落，但脸色已变得煞白，大滴大滴的汗珠顺着他的额头沿着脸颊流进了脖子。只一会儿功夫，滚落的汗珠就把他的衣领周围湿透了，在空旷的常化酸洗机组上，被汗水浸润下的中冶蓝显得异常耀眼夺目。

这两个传感器换完后，他利用中午的休息时间去中冶医院输了液，感觉稍好一点儿后，就又回到了施工现场，及时找到了下午要敷设的全部型号的电缆，保障了班组各个施工环节的无缝对接和畅通。在他的带领下，班组成员同心协力，顺利完成常化酸洗机组施工节点的任务，得到了项目部的充分肯定和好评。

杨伟勇，刘春利班的一名复转军人，吃苦耐劳、工作细致，他以实际行动践行着保质保量完成任务的承诺。在五冷轧轧机电气室土建施工即将完成时，电气室盘箱框架制作安装就马上跟进了。为进一步抢抓时间，为后续盘箱进场安装固定打基础，刘春利将班组人员分成三组。一组切割角钢、槽钢，下料备料；一组现场拼接固定；一组对盘箱框架和支撑角钢进行满焊。吴广民是班里的老师傅，技术精湛，盘箱框架拼接

杨伟勇工作照

固定十分顺利。为不影响整体进度，杨伟勇自进入电气室戴上焊帽子开始，就不曾停歇过，昏暗的电气室内闪动着耀眼的火花，浓浓的烟雾从火光中逐渐升腾弥漫开来，没多久，整个电气室就烟雾缭绕了。

"杨哥，到点了，回休息室吃中饭吧！"刘春利说道。

"不行，我得把这个框架焊完，不然一边满焊了，一边没满焊，很容易就把吴师傅好不容易拼接好的框架给纠跑了。"

"是啊，杨哥，还是你想得周到。"刘春利说道。

等杨伟勇把这个框架焊接完成时，已经快中午 12 点了，回到休息室，他匆匆吃了几口饭，一看表又快下午 1 点钟了，他拿起焊帽子准备出门。

"杨哥，你中午回来的晚，休息会儿再去吧！"刘春利说道。

"需要满焊的接口太多，不能拖了整个班组的施工进度啊！"说完就踏着坚定的步伐走了出去。

一焊又是一下午，加班饭送过来了。

"杨哥，饭来了，赶紧吃饭吧！"我招呼道。

杨伟勇拿了一盒饭，低着头，在旁边吃了起来。在吃饭的过程中，我隐约听到从他那边传来一阵阵抽泣声。

"杨哥，你怎么哭了？"我半开玩笑地问道。

"兄弟，我这不是哭，是被焊烟熏的。"他一边说，一边努力抬起头。他用手摸了一下鼻子，把感觉快要流出来的鼻涕抹了抹，眼睛里不由自主流出来的几滴泪滴还粘在他的睫毛上，一张微微脱皮的脸显得特别沧桑。就在这个瞬间，我对身边的这位大哥肃然起敬。

由于时间抓得紧，在盘箱进场前的十几天，我们就已经完成了相关电气室盘箱框架的安装固定，为后续施工铺平了道路。

时光如白驹过隙，转瞬即逝。不知不觉五冷轧已经建成十多年了，当时参加五冷轧建设的很多人都已经离开了原来的工作岗位。五冷轧带钢（一期）一标段工程也凭借着精湛的施工技术和过硬的施工质量，先后荣获了上海市工程建设 QC 小组三等奖、上海市金属结构建设工程金钢奖特等奖、中国建筑钢结构金奖、冶金行业优质工程、全国建设工程优秀项目管理成果二等奖、第六批全国建筑新技术应用示范工程、中冶集团优质工程、中国安装工程优质奖、中国建设工程鲁班奖。荣誉的背后凝聚着每一名中国二十冶员工的辛勤付出和汗水，他们勇于打破常规，通过不断创新与尝试，努力实现工程建设的提质增效；他们任劳任怨，竭尽所能确保工程节点的顺利实现；他们用实际行动践行着"选择二十冶就是选择放心"的庄严承诺。

怀诚信之心　建美丽家乡

上海二十冶　赵　涛

　　诚信是一切道德的基础和根本，是为人最重要的品德。立身处世，需以诚为本，一步一个脚印，务实求真，不断进步，成就一生。诚信不仅是一种美德，也是一种朴实情怀。

　　我们身边有这样一个人——来自重庆的年轻项目经理吴仕飞。吴仕飞是上海二十冶西南分公司进入川渝地区的第一批员工，也是党员先锋岗的一员。作为项目经理，他时刻保持红线意识和底线思维；作为有多年经验的工程人，他深知工程建设来不得半点虚假，诚信施工是工程安全质量的保证。他以诚待人、兢兢业业，所在的项目荣获"安全文明工地""用户满意工程"等多项荣誉，自己也被评为中国二十冶 2020 年度"廉洁楷模"。

吴仕飞在检查现场钢筋绑扎情况

忠州中学项目建成

  "家乡"一词，普通却不平凡。重庆出生的吴仕飞年少就外出求学，从事建筑施工行业 10 多年来一直奋斗在项目一线，但遗憾的是从未干过家乡重庆的项目。他一直以为，工程人家在四方，甚至家在四海，守着家乡水土对一个工程人来说是梦里都向往的。但 2018 年，忠县忠州中学项目的启动，让他意外获得了回家乡建设的机会。

  忠州中学为重庆百年名校，新校区占地 400 多亩。能为家乡学子建设一座质量优良的美丽校园，不仅是一份赤子情怀，也是一份沉甸甸的责任。

  学校这样的民生工程，保证工程质量和建设安全是交付给社会的郑重承诺。忠州中学项目的特征就是危大工程多，面对一个又一个的管理难题，吴仕飞带领项目部全员精心策划，逐一落实各项安全环保措施，为项目施工生产保驾护航。

  项目开工后，他严格执行带班生产制度，每日下工地带班检查：脚手架专项检查、起重机械专项检查、高空设施专项检查……防微杜渐，从源头消除风险。吴仕飞虽年纪不大，但他以身作则、率先垂范，在现场很有威信。他常对项目管理人员说："管生产必须管安全，部分工人的安全意识比较薄弱，一定要多说多管，保证每一个施工人员的安全。人家选择来这里干活，就是对我们中国二十冶的信任，我们一定要把工人当作自己的亲戚朋友看待，让大家高高兴兴上班，平平安安回家。"

2020年春节，全国遭遇新冠肺炎疫情，各地严控人员流动，节后复工变得异常困难。但学生的学业不能耽误，正常的教育工作必须保障。忠州中学部分校舍在9月份必须投入使用，否则将耽误1000多名学生的入学。

按时开学是项目部对学校的承诺，也是学校对学生和家长的承诺。疫情期间时间仿佛停滞，吴仕飞十分焦急，每天跟忠州忠县项目值班人员了解当地的疫情情况。在得到外地人员可进入忠县的消息后，立即组织当地人员到忠县主动集中隔离，以便集中调配，尽早开展项目复工工作。

集中隔离期间，吴仕飞组织项目管理人员加班加点，编写项目疫情防控方案、复工复产方案，发动周边亲属帮忙购买复工必备的测温枪、口罩等市场供应紧张的防疫物资。解除隔离后，吴仕飞第一时间到项目部着手组织忠县本地作业员工分批返岗复工。他不停地奔波于项目部、现场、政府之间，最终保证了忠州中学项目的如期投用，百年名校迎来了她的又一批孩子。

经过三年的努力，一座可供8000多名学生学习的新校园已矗立在长江边上，依山而建的新校园错落有致，分外耀眼，成为忠县的地标建筑、打卡之地。忠县忠州中学项目的顺利推进在当地赢得了良好口碑，树立了"选择二十冶就是选择放心"的金字招牌，也实现了吴仕飞对家乡的承诺。相信未来的他，会以更高的标准、更严的要求，永葆初心，不断追求卓越。

诚实之光　守信之花

物资公司　李　征　付国凤

一个诚信敬业的人无论在哪里都能够找到属于自己的舞台，实现自我价值。抱着这样朴素的信念，今年38岁的周璐，自2003年参加工作以来，坚守在中国二十冶物资公司材料、物流以及经营管理等战线上。她本人始终奉行诚信之道，带动周围职工共同努力，协力营造诚实守信的工作环境，公司员工亲切地称她为"诚实之光，守信之花"。

以上率下，形成诚信共识。周璐有一个明显的特点，那就是一诺千金。凡公司签订的合同她都履约守信，凡上级交办的任务她都能按时足额完成，她以自身的实际行动对员工进行诚信教育，使广大员工把诚信意识根植于心。

2008年3月，物资公司成立物流部，主要负责西澳铁矿项目进出口的物流工作，公司领导将这个重要任务交给了周璐。当时的她带领着一批年轻员工，首先要克服物流相关知识匮乏、业务不熟练等困难，但既然接下了这个重任，就必须竭尽全力去完成。在她的带领下，部门全体员工咬紧牙关，边学边干。

作为主管的周璐，大到集港、小至用车的安排，都要操心过问。她总是随身带着一个笔记本，上面清晰地记着需要安排的每一项工作，并根据轻重缓急进行了区分。一直想成为母亲的她，也因为工作繁忙，而把计划延后了。最终，在她的带领下，部门员工以实际行动圆满完成了公司交办的任务，也为践行诚信交出了完美的答卷。

信守诺言，打造亮丽名片。周璐把诚信作为一种光荣、一种自豪、一种人生价值的追求。她每做一件事，首先从诚信方面考虑，并且落到实处，通过不断的实际行动使公司的信誉名声远扬。

2010年12月15日深夜，一艘从南通开来的船舶驶进常熟港，上面装载着准备运往西澳项目部的钢结构。当码头工人们正准备卸货时，海上突然掀起了风浪。由于正值冬季，风吹在脸上像刀割一样。装载钢结构的船舶较小，无法抵御如此猛烈的风浪，又加上船舱进水致使排水泵无法正常工作，沉船的危险极有可能发生。

凌晨两点接到电话通知的周璐，在第一时间驱车从上海赶往常熟港，同时电话联系现场物流人员，要求坚决阻止驳船上的工人继续进行作业，并与当地的消防队取得联系，及时排出船舶内的积水。经过多方面的努力，不仅保证了驳船上作业人员的人身安全，也保住了船上的货物。

事后，业主和上级单位对她按照合同约定完成保护物资和装卸人员安全的行为给予了高度肯定。她的行为体现了中国二十冶诚信为本的市场经营理念，也为提升企业美誉度做出了积极贡献。

扶危济困，勇担干部责任。随着个人职位提升，周璐想得更多的始终都是承担更多的责任，在力所能及的范围内为身边员工解决实际困难。

2013年1月的某个下午，物资公司职工付国凤的母亲突然出现心颤和呕吐等症状。当时她的孩子只有9个月大，老公又长期出差在外，120救护车来了，她护着老人、带着儿子一起上了救护车。在医院里，一边是老人各种排队、检查，一边是儿子的哭闹，那一瞬间，她深刻体会到了"叫天天不应，叫地地不灵"。走投无路之时，她唯一能想到的求助对象就是周璐。拨通电话后，她急切地向周璐求助，从电话那边传来温暖而坚定的话语："你在哪里？别着急，我马上就到！"仅仅两句话就安抚了付国凤惶恐不安的心，感激的泪水夺眶而出。

三九严冬，天寒地冻。周璐在接到同事的求助电话之后，毅然迈出家门。赶到医院之后，周璐让同事安心照顾孩子，她负责陪老人检查、排队、付费、抓药、输液……为了节约时间，她还先垫付了所有费用，等全部忙完已是深夜。

周璐在码头检查发往国外设备的清单

  只因一句求助的话，就毫不犹豫地给予帮助，并且尽心尽力、不打折扣，奔波忙碌、践行承诺。言必信、行必果，周璐的真诚之心如同诚实之光，驱散黑暗、照耀心田，她温柔的笑颜如同守信之花，吐露芬芳、沁人心脾。

辛勤耕耘　诚实守信

建筑公司　陈秋红

　　土建这个行业，很少会以年轻光鲜的面孔示人，大抵是因为在这个行业里，很少有人能少有所成，光鲜的外表也不会为你的专业素养加分。你能看到奔波在施工一线的，大多是科班出身、懂专业、脚踏实地在土建基层磨砺了很多年的复合型人才，其中有一类人被称为经营管理人员。

　　经营管理人员中女性更是少之又少，而张永芳就是这个"少数派"中的一员。自1997年7月入职以来，她一直从事经营管理工作，在中国二十冶建筑公司，张永芳是个大忙人。她是建筑公司结算中心专务部长，先后参加了苏州苏兴特殊钢工程、宝钢集团一钢公司不锈钢热轧3.1标工程、浦钢搬迁轧Ⅱ标工程、东方丽都二期工程、丽都华庭商品房工程等项目的建设。她有着丰富的经营工作经验，且对待工作一丝不苟，勤劳苦干，工作踏实，作风严谨。

张永芳工作照

2013 年下半年，她开始负责结算中心的工作。那时，结算中心刚刚运行，管理制度尚不完善，加之竣工结算的项目数量多，分包结算积压严重，并且她兼任的宝松广场项目也正值开工前期策划。面对繁重的工作任务，她任劳任怨，毫无怨言——白天沟通协调各个项目的结算工作，完善结算中心的管理制度；晚上则加班加点完成宝松项目经营策划，从制定工程的招投标计划到对施工方案中与结算相关条款的审核，对需要签证的项目逐一梳理并与相关人员进行交底；同时，她还根据分公司内审中存在的问题建章立制，逐步将结算中心的管理工作理顺。由于历史原因，建筑公司积压的（已完已结算项目、已完未结算项目）分包竣工结算达 236 家之多，且部分项目（如湛江球团、太钢等）早已竣工，项目相关人员有的已离职，有的已转岗，结算难度非常大。面对这种情况，张永芳丝毫没有退缩，而是积极采取措施，按项目进行分解，将责任落实到结算中心的个人身上，并与项目经理及项目经营负责人签订分包结算目标责任书，定期召开分包结算推进会议，每月公布分包结算进展情况。如此复杂繁重的任务，经她的计划运作，立刻有条不紊地进入解决状态。

"张永芳在经营预算部这几年，打造的是'精细化服务，全程都跟踪'战略。我们的业主需要什么，她就满腔热情地提供什么；我们的合作伙伴哪里有困难，她就全程跟踪服务到哪里。"公司副经理彭志祥这样评价张永芳。

在推进分包结算的过程中，对出现争议的问题，张永芳十分注重处理问题的方式。在她的组织协调下，经过不懈努力，2014 年度建筑公司完成久拖未结、分包履约争议较多项目分包结算共 145 家，占未完结算总量的 61.44%。此外，她还针对分包结算、合同约定中出现的漏洞进行合同文本的修订完善，并亲自把关评审新开工项目的每一份合同，避免出现以往已发生的错误；而对于公司各在建项目竣工结算，她组织结算中心人员及项目经营负责人，提前对上报结算工作进行精心策划，认真分析研究，确保了上报结算工作的质量。

结算中心事无巨细的工作已占去了她绝大部分的工作时间，而丽都华庭的竣工结算上报亦不能耽误。因此，她便利用下班及休息日的时间去编制丽都华庭的竣工结算。这期间，她从未因时间紧就对竣工结算编制草草了事，而是一如既往地收集结算资料，认真研读合同，充分利用合同及计价体系中的有利条件编制竣工结算，与项目经理及总工程师商讨上报方案。竣工结算初稿完成后，她又请公司领导审阅，共同分析商讨上报策略，为争取工程项目利润最大化打下了坚实基础。

　　用默默无闻、任劳任怨、持之以恒这些词语来形容经营结算人员实不为过，而她们内心的执着、担当、坚守、守信更是在行动中得到淋漓尽致的体现。数字是无情的，诚信是动情的。24 年间，约 58 万笔结算业务、10 亿多元结算金额、每日 4 000 多次敲击键盘，这些数据的背后满是结算人对工作的激情，对客户的诚信，对自己手眼间的坚守；是诚实守信的举动，甘于奉献、孜孜不倦的精神，为身边的员工树立的榜样；更是对"一天也不耽误，一天也不懈怠"朴实厚重的中冶精神的诠释。

诚信之花

建筑公司　宋丹丹

　　"诚信"值千金，中国二十冶一直坚持"诚信为本"的经营理念。但是，以前总以为"诚信"是一句高高在上的口号，是一种理念层面的抽象思维，直到有一天，她让我彻底改变了对"诚信"的理解。其实"诚信"就在我们身边，甚至就在你我之间。

　　那是很久以前的事了，但我却印象深刻，即便过去若干个年头，我仍记忆犹新。那一幕时不时浮现在我眼前，并时刻提醒自己——一个人要坦坦荡荡地活在世上，站在人前，唯有诚信方可立足，也唯有诚信方能站得直、行得远……

　　她叫陈秋红，2010年加入中国二十冶，现担任中国二十冶建筑公司团委书记。她是文字材料的"把关人"，尽自己的微薄之力躬耕于字里行间；她是团员青年眼中的"活字典"，为公司团建工作把守着第一道屏障；她是同事心中的"大明星"，在历史剧的舞台上深情朗诵，在各大晚会上精彩表演。"85后"团务工作者"讲原则有情义"，把公司团委工作干得有声有色。数年如一日默默坚守本职，闪耀着萤火微光，从事11年管理岗位工作，在任何岗位她都饱含热情、精益求精、诚实守信……

孤灯清影的"拼命女郎"

　　那天是个周六晚上，随着"吱呀"一声，陈秋红推门而入，她抖了抖身上的雨水，擦干手，摁亮灯，屋里一下明亮起来。陈秋红面带担忧，企业开放日的时间提前了一周，项目施工现场的情况本来有些复杂，偏偏这个时候天气也不给力，施工现场的降雨加大了会场布置难度。大雨冲刷着工作板房，也冲刷着她的心。

"8月14日大雨，一号场地的布置……"陈秋红开始写着当天的布置策划方案。她一边记录一边思考：多找几家广告公司赶制宣传板、宣传手册和带有"MCC"的雨衣雨伞，这样可以赶出三天的进度，估算下来场地应该是刚好够用，但是人手短缺的问题就更严重了。

"金华项目其他地块的，各抽出一个人来帮忙。"话音刚落，金华项目经理段艳慧穿着雨衣走进来了。

"怎么过来了？去哪儿躲雨了？"

"一下雨就让高空作业都停了，我担心安全问题，特地去施工现场检查了一下。"段艳慧摘下安全帽，"安全是这次活动天大的事，我得盯着点儿。明天午饭后我去上一次安全教育课。"

陈秋红对工作有着放不下的执着，并为之倾注全部的心血和热情，以至于常常临睡前躺在床上还在思考工作方案和相关细节，怕忘记就爬起来记录下来，有时甚至一整夜都睡不踏实。工作忙的时候，她常常奋战到深夜。500多篇综合稿子，1 000多个漫长的日夜，几多踌躇、几多忙碌、几多艰难，但"诚信"二字始终镌刻在她的心上。

陈秋红工作照

待前期工作一切准备就绪,当天的企业开放日圆满举行。《金华电视台》记者告诉我们:"这次企业开放日不仅让我看到了一个新时代工地,而且施工现场的建设面貌比很多传统工地要好,如此整洁的施工工地和如此多的环保设施,颠覆了我对建筑工地的传统认知,产生了一种前所未有的信任。"

《环球时报》记者感慨:"从大门刷脸门禁到智慧工地、VR 体验馆、安全体验等项目,都让我印象深刻,感觉项目设计理念创新超前,这让我感受到了中国二十冶作为央企的责任与守信,这种形式和方式值得我们大力宣扬和借鉴。"

甘蔗没有两头甜,除了工作,陈秋红还要照顾家人。扛着压力、带着工作"一起回家",等收拾好屋子、照顾好孩子后,打开笔记本继续工作,那些孤灯清影的日日夜夜,照亮了她奋进前行之路。

诚信如"希"望之花,温暖如"宏"色霞光。"能从事团委工作本身就是一种荣耀,不能辜负组织对我的信任。"这是她从事团委工作的箴言。

严管厚爱的"周扒皮姐"

他们说,幸福生活是跟着中国二十冶撸起袖子干出来的。参建过上海中冶祥腾宝月花园工程、太钢不锈钢光亮板产品结构调整工程等项目建设的陈秋红,在这几年里,在生产第一线充分锻炼,迅速成长,在工作中不仅积累了丰富的经验,并能够把所学到的知识充分应用到生产经营中去。而现在团委在她的带领下,团员青年工作积极主动,个个成为多面手,还经常和她开玩笑道:"扒皮姐,你就剥削我们吧,我们还得谢谢您!"

对待自己,她更是严苛。2019 年 7 月,由于企业开放日宣传工作繁重,刻不容缓,她长期面对电脑,一工作就停不下来,每天坚持尽善尽美地完成工作。同事们都劝她注意休息,不能用眼过度,可她就是一个"拧脾气",没有休息一天,没有耽误一项工作。部门的员工回忆道:

"她无论身体多难受，生病多严重，从来不和我们说，总是若无其事的样子，我们看着都心疼。"

润物无声的"贴心女神"

她平易近人、和蔼可亲，以女性特有的细腻，热情开朗的性格，吸引同事们愿意主动与她交流谈心，每次交流都充满欢声笑语。她从关心、关注、关爱的角度，不遗余力给大家提供帮助，不厌其烦地为他们排忧解难，每位员工的心声和困难她都记在心里。在炎炎夏日，为员工送去清凉；牵头组织开展文体活动，让员工放松身心；协助开展困难职工帮扶工作，慰问困难职工；开展青年大调研，掌握青年思想动态；在文艺演出、体育比赛、慰问现场等各种大型活动中都有她忙碌的身影和幕后的默默付出。

她总是说："得为员工多办点实事。"每个难题的完美解决，每个活动的成功举办，使她赢得身边同事们的一致好评。久而久之，她成了名副其实的"知心姐"。她用身体力行、细致周到，努力做好公司各项工作，让诚信化为清晨一缕温暖的阳光，让诚信成为小鸟在耳畔的清啼，让诚信成为寒冷时身边的红红炉火，让诚信变成烈日下头顶的一片绿荫，时刻与我们同行。诚信如同一轮明月，普照大地，以它的清辉驱尽人间的阴影。诚信待人，付出的是真诚和信任，赢得的是友谊和尊重，诚信如一束芬芳的玫瑰，能打动有情人的心。无论时空如何变幻，诚信都闪烁着耀眼的光芒。

风雨彩虹　铿锵玫瑰

建筑公司　陈秋红

　　站在一座威严的两层新型建筑板房前，首先映入眼帘的是"中国二十冶"五个大字，两边的草地郁郁葱葱，欣欣向荣；抬头，正上方悬挂着"诚实守信、忠诚担当、团结拼搏、奋发图强"的标语。倘若走进中国二十冶金华 EPC 总承包项目办公室，你会听到繁忙热闹的电话铃声和此起彼伏的说话声。仔细听，你会发现这些声音里出现频率最高的词语就是"秦主任"。

　　"秦主任，早上开工程例会，你准备一下！"

　　"秦主任，这网络怎么了？什么时候能恢复？"

　　"秦主任，会议室 PPT 投影怎么不显示了，怎么操作？"

　　"秦主任，一会儿检查组来检查，做好接待！"

秦越宏工作照

办公室的工作是全方位的，工作的特点要求办公室人员必须是一个多面手。面对项目部各位领导，工程部、经营采购部、市场部以及食堂等部门的各种突发却紧迫的要求，秦主任都能一一爽快地应下，然后有条不紊地妥善解决。为此，大家还授予她一个"幕后女侠"的称号。

这里说的秦主任，就是中国二十冶金华 EPC 总承包项目办公室主任秦越宏。

秦越宏自 2002 年加入中国二十冶这个大家庭，至今已默默工作了 18 个年头。这其中经历了多少艰辛，恐怕除了秦越宏自己知道，别人难以想象，但我们可以通过一组数据来感受一下她这些年的默默付出。

作为办公室主任，她事事赶在前面，每天坚持提前上班，很晚才下班。工作做到有布置、有督办、有检查，力求各项工作都达到高标准要求。她说只有严要求，才能达到高标准。凡是要求办公室人员做到的事她自己首先要做到，凡是要求办公室的同志们不做的事自己带头遵守。项目部上班时间是早上 8 点，但是秦越宏却坚持每天 6 点踏入办公室，并开始一天的忙碌。风雨无阻，无关季节。也许有人说，因为她年龄大了睡不着；也有人说，她已经习惯了，起来没事做才这样。但是，我们想一想就这样每天多 2 个小时，一年就多了 400 多个小时，18 年的坚持让她比常规的上班时间多付出 7 200 多个小时，按 8 小时工作制折算成上班天数就是 900 多天。这 7 200 多个小时仅仅是秦越宏每天早上的额外付出。如果到了午休时间手上工作还未完成，秦越宏也不会休息，必须把工作完成才会松一口气，而这时候短暂的午休通常早已过去，因此她又得开始忙乎下午的工作了。当被问到如何看待自己这份工作时，她爽朗地回答："就像田震的歌里唱的那样'再苦再累无所畏惧，无怨无悔从容面对。拔剑扬眉豪情快慰，风雨彩虹，铿锵玫瑰'。"

风雨彩虹，铿锵玫瑰。正是秦越宏这样不计回报脚踏实地的工作，工作中大大小小的难题都得到了高效解决。立足岗位、爱岗敬业是她始终坚持的信念。

自 2020 年新冠肺炎疫情阻击战打响以来，她舍小家为大家，主动请缨参战，奔赴疫情防控战场。她在第一时间建立疫情防控联络工作群和联防联控机制，早早行动起来。通过梳理、排查重要节点，对值班员工进行一一排查，测量体温、消毒，积极参与复工复产，有序开展工作，展现出服务战士的"硬核"担当。元宵佳节，她还特意组织食堂工作人员给所有职工做了元宵和饺子，周到细致地惦念着每一个人，温暖着职工的心。

不仅如此，在办公室日常工作中，秦越宏始终要求自己和办公室的同事们当好"三大员"。一是当好"办事员"，办事员就要求搞好服务，服务好领导，服务好机关，服务好项目，把工作办好、办实、办出成效；二是当好"督查员"，领导安排的工作要督办落实，日常工作要跟踪督办，员工反映的问题要督查整改；三是当好"情报员"，办公室是服务领导、服务员工的窗口，平常人来人往，因此在办公室能够听到各类人员讲的真话、实话，对于有益的信息，必须及时传递给相关领导，帮助领导决策参与。

秦越宏是我们中国二十冶"铁娘子"奋战一线的缩影，没有惊天动地的壮举，没有轰轰烈烈的贡献，她凭着一腔热血，诚实守信，忠诚担当，为中国二十冶的发展贡献自己的力量。

中年诚信大叔

上海二十冶　孟韦光

　　徐振华，2005 年毕业于武汉科技大学土木工程专业，目前担任上海二十冶西南公司南充航空港科技创新中心项目部项目经理。从大学毕业进入公司至今已 15 年，他从一个意气风发、朝气蓬勃的年轻小伙儿变成了一个胡子拉碴、携妻带子的"中年大叔"。当然，更大的变化是从一个青涩懵懂的学生成长为一个经验丰富、砥砺前行的项目经理。

　　从冶金项目到房建项目，项目换了一个又一个，但唯一不变的是徐振华"以诚信待人，以质量服人"的人生信条和工作作风。一件工作服，一顶安全帽，15 年来已成为徐振华的标配。他坚持奋战在项目建设一线，带领团队克服一个又一个困难，所参建项目均取得了优异的成绩。他常说："项目部就是我的家，作为家园的建设者，家的质量和业主的满意是最重要的，这也是一个人诚信的标准。"徐振华不仅仅是把

南充航空港科创中心异形楼

徐振华（右一）接受南充电视台记者采访

诚信挂在嘴边，更是落实到行动上。项目部里的年轻人都亲切地称他为"中年诚信大叔"，这个称号慢慢也就传开了，业主听到后，也点头说道："老徐值这个称号。"

2017年4月，徐振华来到四川南充航空港科技创新中心项目任项目经理。11月，南充项目2号、3号、4号标准厂房主体基本完成。当地政府要求南充项目2号、3号、4号标准厂房在12月30日前要达到招商企业入驻条件，确保南充市"三区六县项目拉练竞赛"的如期举行。在短短不到两个月的时间内完成所有砌筑、室内外装饰装修、防水保温、玻璃幕墙、干挂石材和室内电气、通风、消防等工作，还必须保证工程质量安全，无疑压力巨大。

徐振华知道此次"拉练"将成为上海二十冶在南充打响品牌的"一场硬仗"。到项目部就任之初，徐振华也向公司领导保证，要将南充航空港科技创新项目干出名堂。诺言犹在，秉持着让公司安心、让业主放心的决心，项目部在接到任务的第一时间就迅速联动起来。

调整施工进度计划，合理优化施工方案，克服冬季施工困难，24

小时挂图作战，严抓工期和质量，保证施工一次到位……非常时期行非常之事，把不可能变成可能。南充项目全体参建者日夜鏖战，最终成功赶上"拉练"班车，在活动中脱颖而出。其按期履约的品质、优质高效的服务和美观大气的厂房令业主刮目相看，称之为"令人感到意外的项目"。

有了拉练成功的业绩，南充航空港科技创新中心项目的诚信品牌也在当地落地生根。2018 年、2019 年又连续两次受检参加南充市拉练活动，受到各级领导的一致好评。此外，在 2018 年还获得了业主颁发的"安全文明施工单位"奖牌。

徐振华带领项目团队诚信履约，给当地民众留下了深刻印象，也为西南公司在当地开拓市场奠定了良好基础。继南充航空港科技创新中心项目后，西南公司又连续中标南充市营山县标准化厂房项目和营山党校项目。"中年诚信大叔"怀着一颗赤诚之心，继续在家乡的热土上发光发热。

打造信用金名片

上海二十冶　王思思

"若有人兮天一方，忠为衣兮信为裳。"韩麟，一个精神的"90后"小伙，2015年怀揣梦想进入上海二十冶西南公司，走进中国二十冶这个大家庭。

韩麟进公司后被分到的第一个项目就是四川宜宾南屏首座综合小区项目。该项目为房屋建筑工程，和他熟悉的专业知识并不完全对口。暑热阳光的暴晒让人烦躁，对于上学期间一直成绩突出的韩麟来说，他第一次感到自己颇为自信的专业知识在实际工作中并不那么实用。因为对现场管理的不熟悉，工地上的老师傅们表现出对他的不够信任，让他陷入了初入职场的困惑和迷茫中。

他的带教师傅把韩麟的苦闷看在眼里，为了帮助韩麟树立自信心，师傅找了个机会跟他谈话。韩麟说他至今印象深刻的一句话是："决定人生高度的不是你的才能，而是你的人生态度。"师傅说，"年轻人不能因为一点挫折就动摇初心，趁现在年轻，得学会管理、调整自己的心态，知道自己的不足，然后去努力。必须要明白，自己的初心是什么？"

师傅的一席话，让韩麟如梦初醒。从那时起，白天工作，晚上学习，成了韩麟的日常。他渐渐明白，要想跟上前进的速度，自己必须加倍努力，只有这样别人才敢将担子交给自己，将经验和技术传授给自己，这是一切信任的开端。

南屏首座项目二次结构施工期，地下室底板和墙面出现沉降裂缝，发生渗漏。作为地下室施工主要责任人的韩麟，既要负责技术支持，同时要保障高层施工用水送水。受封堵材料性质限制，漏水点封堵需要一次性完成，否则后期便很难再进行封堵。有时候一个大的漏水点堵到凌晨三四点还未完成，韩麟就一直和工人们待在一起时刻关注漏点变化并总结经验，以便后续进行技术调整。这期间，因为经常在泥水中行走，他穿破了 8 双劳保鞋、6 双水胶鞋。有年轻工人抱怨说："地下室谁会注意，看不出，没什么大的影响。"

但韩麟心中只有一个信念，"不能因为自己的工作没做好，导致公司信誉受损。"韩麟在地下室待了半个月，向老师傅虚心请教封堵的技巧和经验，灵活进行技术调整，最终圆满解决了渗漏问题。

在繁杂的工作中，韩麟慢慢养成一个习惯——任何时候有问题或者想法，马上用一个小笔记本记录下来，然后不断地思考、研究、找方法，并付诸实践解决问题，提高自我。南屏首座项目半年后的实习期结束，对施工现场的情况，韩麟已是熟稔于心。大家看到他的用心和钻研，也看到了他的成长，老师傅们也愿意、有时也主动找他商量质量和技术上的问题。

韩麟在现场检查架体横杆间距

如今的韩麟以多项专利、论文和工法证明了自己的实力，多年来连续被公司评为优秀员工。那些熬过的夜、穿破的鞋、辛苦流下的汗水，见证了韩麟的进步与成长。诚信的约束不仅来自外界，更来自于自律的心态和自身的道德力量，而工作上的信用是最好的财富。企业的大多数员工都是默默无闻的普通人，没有惊人的业绩，没有卓越的贡献，按时上下班，遵章守纪，努力工作，就像一颗颗微不足道的小小螺丝钉。但我们要坚信：只要提升自身本领，改善心态模式，坚持求实守信、开拓创新，就能成为那颗最牢固、最有用的螺丝钉，为自己赢得信任，为公司获得赞誉。

　　韩麟一点点地感受着公司厚德载物的文化气息和精益求精的经营理念，也逐渐感受到，中国二十冶就是以精品工程和优质服务立信于市，为企业带来了无数机遇。每个人打造自己信誉的一小步，累积起来就是企业品牌跨越的一大步。他和许许多多的青年工作者一样，还将用功锤炼自己、打磨自己，为将来承担更重要的任务打下坚实基础。

最可爱的安全生产人

建筑公司　宋丹丹　陈秋红

　　安全重于泰山，安全更重于守信，严格遵守安全规程，不可迁就任何人。做安全工作是在救人，不是得罪人，相信同事们都能理解。

——焦宝余

　　焦宝余自 1990 年 10 月参加工作以来，一直负责项目的安全管理工作，目前任中国二十冶建筑公司金华 EPC 总承包项目部安全负责人，诚实守信在他身上有完美体现。

焦宝余工作照

参加工作近 30 年来，焦宝余一直积极主动发挥自身主观能动性，真正做到了吃苦耐劳、诚实守信。通过不懈努力，顺利考取了安全工程师证书。安全管理在工程项目管理中占有很重要的地位，既是项目管理的重点，也是难点。施工现场的安全管理涉及很多方面——大型机械设备的安装、保养，现场安全文明施工管控，危险性较大分部分项工程安全管控，现场工人的安全教育，尤其是特殊工种作业人员……每一项工作背后都体现了安全管理人员的守信和负责，而焦宝余则是项目安全管理工作人员的榜样。

坚持学习，努力完善自身知识储备体系

自参加工作以来，焦宝余一直践行着"终身学习"的理念。他始终坚信理论知识的完善能更好地指导实践。在明确项目安全管理目标后，他从自己工作的实际内容出发，以安全管理为立足点，及时学习最新安全生产知识，参加安全管理考核培训，理论与实践相结合，从而加强对现场的整体把控。

安全管理工作琐碎而繁杂，焦宝余经常一天去两次现场，一次待半天，每天都安排得满满当当。于是，看书学习、看视频课程就没了时间，可焦宝余有的是小妙招。他经常说："现场工作不能松懈，但时间嘛，挤挤还是有的。"

于是，我们经常能看到他清晨早早来项目部学习，利用中午休息时间学习，晚上下班后还默默在会议室学习……真是一位争分夺秒学习的可爱安全生产人！

除了学习安全生产知识以外，他还注重与其他各部室的学习交流。通过相互之间的沟通协调，他对现场的物资材料、工程施工都有了新认识，尤其是现场材料的堆放布置、危险性较大分部分项工程施工管理等方面。

扎根现场，用实际行动落实安全管理

理论知识学习的成果运用在具体的现场管理中。在项目开工伊始，

焦宝余就着手建立健全项目部安全生产保障体系，明确每个人的安全生产责任，健全多项安全生产管理制度，狠抓安全生产责任制的落实，努力形成安全工作齐抓共管的良好局面。

对项目管理人员而言，施工现场就是工作的战场。在施工现场，无论时间早晚，你都能看到焦宝余的身影，上高楼、爬塔吊这些项目于他都是轻车熟路。对于现场安全的管控，还体现在专项安全生产方案的落实、常态化的安全检查上，经常性开展安全检查及时发现不文明行为，及时纠正违章作业并对工人进行教育。在此过程中，及时发现施工中的隐患并立即排除，大大减少安全事故。

"千里之堤，溃于蚁穴。"生命之舟，覆于疏忽。当问到他全天值守现场有没有必要时，焦宝余半开玩笑半自嘲："当然有必要！安全经常嘴上讲，不如现场走几趟。而且你看，我经常到现场走动，到现在两个多月，体重减了十几斤，不用去健身房也能达到减肥锻炼身体的目的，还能360度把控安全，这可是个美差呢。"

在实际工作中，焦宝余坚持多项安全检查制度并行。首先，要求项目部的安全管理人员每日进行安全检查，及时纠正发现的问题；其次，项目部组织人员对工地进行经常性的安全检查，并且每周一定期召开安全例会，限期整改发现的问题和存在的隐患；最后，由公司安全管理部门组织进行季度安全巡检，发现问题后，除教育、整改外，还会对安全不良行为及整改结果做记录。这种全方位的安全检查制度，有效减少了施工中的不安全、不文明行为，大大提升了施工安全的保障。

诚实守信，培养新一代安全管理接班人

责任心是一种担当，一种约束，一种动力，一种魅力。在焦宝余的身上，我们看到了敬业乐业、一心扑在工作上的高尚品格。他严格律己，默默坚守在岗位上，为项目的安全管理无私奉献着自己的时间和精力，但他的责任心远不止于此。

有一年，项目部的安全岗位来了位大学生，正好安排给了焦宝余

带，焦宝余老开心了。白天，焦宝余就带徒弟去现场熟悉安全管理工作的内容，晚上教他内业资料的整理与归档。他渐渐发现，很多安全管理人员都比较年轻，刚刚毕业没几年，知识不够系统化，缺乏管理经验，有时候遇到问题就犯难。焦宝余觉得自己作为经验丰富的老员工，应该给这些年轻小伙子们带带路、上上课，于是，焦老师的课堂就开课了。小伙子们看到他的通知后，也都积极报名上他的免费课。

深秋的夜晚，会议室总是亮着一盏灯，那是焦宝余带领一群年轻的安全管理人员在学习。对于现场的安全管理人员来说，他们都需要一位经验丰富的老师带领、指导，而焦宝余就是这样一位老师。在日常工作中，他乐于答疑解惑，带领他们一起深入学习；下班后，他还利用自己的休息时间开展小课堂教学，提升安全管理人员的专业素养，让他们在学习中进步，在进步中成长。

"以真心换真情，以真情保安全"。这正是焦宝余将"爱心、奉献、帮同事、助伙伴"在安全工作中的具体实践，让我们向所有项目的安全生产工作者致敬。他们用高度敬业的精神为安全工程保驾护航，正因为有他们，我们的项目才能安全完美地呈现。

至诚至信龙自子

浙江二十冶　李　娇

　　什么是诚信？顾名思义，诚实守信。诚信，作为中华文明的传统美德，几千年来广受人们的信奉和推崇。

　　在中国二十冶景德镇昌南新区陶瓷产业孵化、加速基地一期项目中有一位至诚至信之人，他用诚实感动众人，用守信浇灌未来。他就是项目总工程师龙自子。

龙自子（左一）和监理公司在工地检查

　　该项目位于江西省景德镇市陶瓷工业园法蓝瓷路西侧，枫林路南侧，杭瑞高速北侧，规划总用地面积约406亩，其中包含22栋标准厂房，倒班楼、创意厂房、创意工坊、第一食堂、第二食堂的总面积达39.6万平方米。按照合同约定2021年9月完工，后业主协商将工期压缩到2021年6月。2021年初，业主又通知为了赶4月份的瓷博会，要求项目必须在2021年3月底整体交付使用。

　　工期一压再压，让本就

受疫情影响的项目进度更加紧急。龙自子除了每天加班加点赶资料、改方案、就施工过程中发现的问题与设计院人员沟通外，还得紧盯现场各施工班组制定完成日计划、周计划、月计划。每个周日晚上，所有管理人员召开碰头会，将出现的问题重新调解安排，尽量在下一环节弥补，确保施工进度按计划进行。同时，他还时刻叮嘱所有人员，在加快工期的同时，始终把安全、质量放在第一位。就这样，一期项目处理完，马上奔赴二期项目。他这种坚守承诺的敬业精神影响着项目上的所有人员。

管理上不徇私情、精益求精。龙自子在工程质量上的严苛是出了名的，大到钢材构件，小到一块砖，他都严格按照标准化建设的标准进行规范，并做到所有施工人员必须先进行技术交底才可进入现场施工。为了严格按照规范进行施工操作，他带领三名新员工，拿着图纸去现场一处一处检验，发现问题马上整改。他是一个技术专家，同时也是一个安全负责人，在现场发现任何安全隐患都会要求作业人员马上整改。有人开玩笑地说："龙总，你的专业可以去做专职安全员了，而且是一名非常合格的安全员。"龙自子笑着说："安全不仅仅是专职安全人员的职责，也是大家的职责，要时刻注意安全问题，消除安全隐患，才能保证项目的顺利进行。"

龙自子接受当地电视台采访

在生活中，龙自子平易近人，为人师表。他学习或发现的任何有学习价值的技术、规范等文件，都会召集全体人员利用晚饭后的空闲时间进行宣贯学习。他常说，"作为一个技术人员，要跟随施工人员同时上下班，时时掌控施工情况、了解工程进度，要学会对照图纸、对照规范，发现问题，解决问题，不懂的地方及时提问学习。补短板，强弱项，不要觉得辛苦，你们是祖国的花朵，是企业的未来。"

龙自子时刻以一名老员工对企业的挚爱之情，细心浇灌培养企业的未来和希望，以实际行动践行"选择二十冶就是选择放心"的责任理念。这就是诚信，是中华民族的传统美德，也是一个人立身处世的根本。

"我看青山多妩媚，料青山待我应如是。"龙自子用至诚至信面对一切，也赢得了大家的信任。

最是风雨见初心

上海二十冶　贾雪飞

2020 年初，突如其来的新冠肺炎疫情席卷华夏大地，急需救治的患病群众和奔赴前线的医务工作者牵动着每一个中国人的心，也牵动着每一个建筑人的心。同舟共济克时艰，众志成城战疫魔。上海二十冶建筑公司党员们积极响应党中央号召，踊跃捐款支持疫情防控工作，为坚决打赢疫情防控阻击战贡献力量。汇小流以成江海，一笔笔捐款，一份份爱心，集聚起战"疫"的强大正能量，朱德君便是这大军中的一员。

朱德君是一名老党员，他常说："党有号召，我们就要有行动。""对党忠诚"不仅仅是入党时的一句简单口号。时刻牢记誓言，待组织以诚，才是对党的坚贞不渝。在疫情来临的危急情况下，冲在一线、干在一线，是一名合格党员忠诚于誓言的体现，也是身先士卒做好表率的应有之举。

在钟南山院士宣布新冠肺炎存在"人传人"现象的时候，作为一名医务工作者的家属，朱德君第一时间意识到佩戴口罩防护的重要性。紧接着，各地口罩紧缺的新闻报道扑面而来，朱德君和他的家人感同身受、焦急不已，他们想为前线的医护工作者做点什么。一家人商量后决定拿出一万元，由女儿与身在哥伦比亚的同学联系，帮忙在海外采购医用防护口罩。

采购到医用防护口罩后，朱德君多次与各医院联系捐赠事宜，很多医院因为疫情管控等种种原因不能接受点对点捐赠。几经周折，河南省西峡市人民医院和河南省西峡市仁康医院表示能接收这批口罩。经历一个月时间，口罩终于顺利通关，2 月 21 日和 2 月 23 日，河南省西峡市

朱德君在搬运消毒水准备消杀工作

人民医院和河南省西峡市仁康医院分别收到朱德君及家属捐赠的 1 000 只防护口罩。医院向朱德君一家发来感谢信，对他们的义举表示感谢。

过完年，朱德君提早结束了假期，每天早早来到公司，原本有腰疼病的他，愣是背着 20 公斤重的消毒桶爬了四层楼，为机关每个办公室、会议室、公共区域消毒，不留死角，为复工提前做好防疫防控准备。

最是风雨见初心，朱德君时刻牢记入党时的铮铮誓言，用党员的忠诚信念筑牢抗击疫情的防线。朱德君党员的形象，映射出千千万万共产党员的群像，他是一抹红色，融入华夏中国红。"不忘初心，牢记使命"，朱德君用实际行动证明，初心不仅仅是写在学习文件上的文字，更是印证在一名党员生活工作的每一个行动细节中。以朴素的人生观价值观忠诚兑现承诺，就是一个不平凡的共产党人。

中国二十冶
诚 信 之 道

故事篇

脚踏实地，才能仰望星空

上海二十冶　唐　越

寒冬凛冽，萧瑟的北风里几乎了无生机，而济南市公益性农产品批发市场项目（简称济南项目）的现场，却仍蓬勃着希望与活力。

济南项目位于山东省济南市长清区平安办事处境内，占地面积约156亩，总建筑面积10.4万平方米。这是济南市委、市政府主导的重大民生工程和物流基础设施项目，也是山东省2020年度百个重点工程之一。作为上海二十冶进驻济南市场的首个建设项目，也作为扩大济南乃至山东区域市场的"突破口"项目，对项目部全员来说，使命与压力俱在。

逆　行

2020年春节，突如其来的新冠疫情席卷全国，国家经济建设的进度被按下了"暂停键"。节后疫情防控压力稍减，公司负责牵头、项目部组织实施的疫情期间复工复产任务立即全面展开。

济南项目部积极落实当地疫情期间复工防疫监测、防控工作的相关要求，以及中国二十冶关于各项目部防疫防控工作的重要指示，迅速成立新冠肺炎疫情防控领导小组。项目部全员在做好自身防护的前提下，结束隔离期的员工跑现场、找政府，处于隔离期的员工在宿舍做资料、编方案，通过各种渠道储备口罩、消毒液、手套等防疫物资，多措并举对疫情防控、生活保障、治安保卫、对外联系、防疫宣传等实施具体管理。

济南项目建设外观

2020年2月16日，由济南市经济开发区委会、住建局、疾控中心等部门组成的联合防疫检查小组对项目进行严格的复工条件防疫验收。经现场查验，检查组人员一致认为项目部在疫情防控工作上达到了济南市防疫领导小组的相关要求。项目部顺利通过检查，可以全面复工。

复工准备工作终于迎来了最圆满的结果，济南项目全员在特殊时期的"逆行"没有白费，项目也因此成为济南市长清区首个实现复工复产的建筑工地，为工程能如期履约交付创造了至关重要的条件。

冲　　锋

复工后，为抢回因疫情停工延误的工期，项目部在短短15天内完成了办公生活大临、外部围挡、大门和路面硬化的策划和实施工作。谈及在项目建设过程中的艰辛，项目经理代书和云淡风轻地说："谈不上辛苦，如期交付使用就是军令状，我们作为驻济央企，按时完成任务责无旁贷，这不仅是基本的履约精神，更是我们大国央企的诚信之道。"

自进场以来，项目部咬住节点不放松，在项目初期 B 地块拆迁未完成，只有 A 地块四个单体仓库具备施工条件的情况下，制定详细的进展节点销项计划，每周五召开项目进展例会并实时通报施工进展情况，重点对施工过程中存在的资源配置、人员协调、安全质量等问题进行分析讨论。同时积极对接政府、业主、监理、项目管理等单位，理顺工作关系。针对关键施工节点推进，对项目部人员进行分工分组，责任落实到个人，提醒过程问题、巡查施工进展，确保关键施工节点如期完成。经过项目部全体管理人员的努力，最终于 2020 年 7 月 22 日顺利完成 A 地块四个单体仓库的主体结构封顶任务，满足业主方对工期节点的要求，全面进入装饰装修冲刺阶段。项目部 13 名管理人员与 400 余名工人携手全力为"春节前 B 地块主体结构封顶"和"A 地块钢结构和室外管网完成"的目标节点奋力冲刺。

口　碑

项目作为山东省 2020 年度百大重点工程之一和济南市重点民生工程，自开工之日起便备受关注，作为上海二十冶进军泉城的首个项目，负责建设项目的团队勇当"排头兵"，争做"开路先锋"，在坚定履约的同时，更肩负着要为公司打好基础，以项目为突破口，扩大济南乃至山东区域市场的使命。

2020 年 8 月 3 日，项目部举办了以"央企筑品质工程　百姓享惠民生活"为主题的媒体开放日活动，邀请了人民网、新华网、中新网等一线主流媒体参观，活动后媒体对项目的建设进展与成果的宣传报道大大增加了中国二十冶在山东区域的影响力。在满足图纸及国家现行规范的基础之上，项目部全面推进标准化建设，提升品质，打造现场标准化，以拿下济南市"泉城杯"为目标，决心把项目建设成既美观又耐用的标杆工程，目前已顺利通过济南市优质结构工程和安全文明标准化示范工地的初评，为项目争优创优迈出了坚实的第一步。

征　途

　　路有崎岖，十有八九，坚定信心，方有平坦。回顾一年多来的建设历程，背后是一日又一日的艰辛付出。一步又一步的前进，是项目部对工程质量的精益求精，是央企践行承诺、建造品质的生动体现。济南项目团队将继续秉承"一天也不耽误，一天也不懈怠"的朴实厚重的中冶精神，在齐鲁大地上崭露头角，再战新征途！

奋战义乌保税区 74 天

浙江二十冶　周淑芳

三杯吐然诺，五岳倒为轻。"诚信为本"是中国二十冶的经营理念。多年来，二十冶人用实际行动践行承诺，用执着精神诠释"选择二十冶就是选择放心"。

秋风送爽，丹桂飘香。2020 年 11 月 10 日，在浙江义乌，中国二十冶义乌市综合保税区一阶段（物流仓储一期）工程一标段项目工地上，彩旗飘扬，群情激昂，项目主体结构全面施工动员大会正在隆重举行。

上午 9 点 30 分，浙江中国小商品城集团股份有限公司建设工程管理分公司总经理龚亦松、浙江二十冶建设有限公司（简称浙江二十冶）副总经理程由奎、浙江求是工程咨询监理有限公司总监张登峰及相关单位人员 80 余人来到动员大会现场。至此，历时 74 天的保税区项目基础全部完工，创造了浙江二十冶基础施工的新奇迹。

2020 年 8 月 24 日，中国二十冶中标义乌市综合保税区一阶段（物流仓储一期）工程一标段项目。该项目位于义乌市综合保税区地块，是义乌市打造对外开放新高地的桥头堡，也是义乌高水平开放、高质量发展的强有力开放平台。项目建筑占地面积约 32 594 平方米，总建筑面积约 133 282 平方米，包括 B1、B2 仓库（均为地上 2 层），单跨最大跨度为 24 米，工程基础采用桩基础，上设承台及连系梁，建筑结构形式为钢筋混凝土框架结构＋轻钢结构屋面。计划工期 200 日历天。

8 月 25 日，项目正式开工。"义乌保锐区项目是浙江二十冶在义乌区域打造的标杆工程之一，是公司践行诚信之道的又一体现，必须确保安全、质量、工期，高标准完成。"开工仪式上，中国二十冶副总工程师，浙江二十冶党委书记、董事长孙从永斩钉截铁的态度不容置疑。

浙江二十冶调遣精兵强将，整合有力资源，全面投入施工工程。活动板房、围墙道路、安全设施、门禁系统、现场三通一平……大临工程设施与正式工程施工同时启动。

"好的，我马上落实。"

"先按原定计划执行，有问题我们现场解决……"项目总工程师谢兵乐的手机几乎没有消停过，包括吃饭和短暂的休息。"没办法，时间太紧了，只能用小时来计算。"谢兵乐说道。

轮岗倒班、全体动员，短短五天，准备工作全部就绪。2020 年 9 月 1 日，第一台桩机在五方参建单位的共同见证下打下第一桩，比正常工期提前 10 天，用实际行动展现了"中国二十冶速度"的硬核实力。

"为确保我市创建全国文明城市'国检'时期良好环境，2020 年 9 月 1 日后建议暂停大型土方作业，9 月 5 日后强烈建议全市所有在建工地暂停大型土方作业，城区内工地暂停混凝土施工作业，样本点工地全面暂停施工作业。"刚刚进入桩基工程施工的紧张阶段，谢兵乐就接到义乌市建设工程质量安全站的通知。

"好。"谢兵乐清楚地知道，这五天意味着什么！回到项目部，他立刻召集所有人员召开工程推进会。"要想抢回工期，只能加夜班。"反复研讨之后，所有参建单位达成共识。"那就排一下班次吧。"好在施工现场远离居民区，夜间施工影响不大……

凌晨 1 点，保税区工地灯火通明，施工人员有条不紊地各自忙碌着，打桩机的"嘭—哐"声规律地奏响深秋的"小夜曲"。桩机师傅小张打着哈欠伸了个懒腰，喝了几口浓茶提提精神，继续战斗。不远处，抬眼看见谢兵乐还在工地前查看进度，还不时地跟监理公司总监代表陈建国聊上几句。这几天，每天晚上都能看到他们来现场，"浙江二十冶真不愧是大企业，干活太拼了。"

天道酬勤，在全体参建人员的共同努力下，9月27日桩基工程全部正式完工，顺利完成第一个节点计划。

接下来，9月28日开始土方开挖，土方桩头破碎、桩基检测、垫层浇筑相继开始施工。

10月29日，承台基础及连系梁全部完成；土方分层回填、压实、检测，碎石垫层施工、压实、检测。

11月5日，基础全部完成，具备主体工程正式施工的条件。

11月6日，盘扣架材料开始进场，高支模开始施工。

"浙江二十冶敢打敢拼、克服困难的精神为我们树立了榜样，我代表监理方，向你们表示崇高的敬意！"在主体结构施工启动动员大会上，张登峰真诚地说道。在下一阶段工作中，他们将继续和浙江二十冶积极配合，认真执行监理程序，对影响工期和安全的施工因素早发现、早解决，同步施工，同步验收，提高一次性验收合格率，确保工程按期完成、质量合格达标。

龚亦松对浙江二十冶和广大参建单位按期完成工程节点表示祝贺和感谢的同时，深切希望浙江二十冶再接再厉，发扬敢打硬仗的优良作风，把本项目打造成平安工程、精品工程。

作为央企，浙江二十冶将继续发扬"一天也不耽误，一天也不懈怠"的中冶精神，打破常规，只争朝夕，以终为始，连续作战，倒排工期，做好衔接，保证进度，严格按照项目施工要求，精心组织，精心管理，精心施工，高速、优质完成施工任务，打通最后一公里，充分发挥凡事精益求精的"大国工匠精神"，向业主交一份满意答卷，为义乌发展贡献央企的一份力量。

诚信履约背后的故事

城建公司　徐德明　余学强

　　走进新龙家园项目施工现场，18 栋高层主楼和 11 栋配套附属设施已全部封顶。据项目负责人符胜军介绍："18 栋高层主楼主体结构已全部验收合格，项目正按照既定的目标稳步推进。"

　　项目诚信履约的背后，有许多不为人知的故事，有汗水、泪水、苦水，但更多的是对"放心"二字的坚守和忠诚。

"烫手山芋"变成"香饽饽"

　　新龙家园项目作为合肥市肥东县重点工程，体量大、工期紧，是涉及 31 个村民组的 1 261 户居民安置的重要民生工程。

　　诚信履约对打开合肥市场局面至关重要。因此，在项目负责人的任用上，中国二十冶城建公司党委经过慎重研究考虑，最终让沉着稳重、现场经验丰富的符胜军负责该项目。

　　"不管遇到什么困难，保证按期保质保量完工。"在项目交底会上，符胜军向公司领导立下了"军令状"。

　　项目刚开工，困难和挑战就接踵而至，建材价格上涨，混凝土每立方米上涨近 100 元，钢筋每吨上涨 600 余元。还没有甩开膀子干，就出现了巨大的亏损点，这让本来中标价格就偏低的项目，一下子变成了"烫手山芋"。符胜军和他的团队并没有因此将工程停下来，而是主动研究对策，打出了一套降本增效的"组合拳"。多次对盈亏点进行分析，邀请外部专家同项目部工程技术、经营管理部门实施"双优化"策划，力争将亏损点降到最低；运用 BIM 技术对项目现场进行优化布置，实现了施工场地布局科学合理、材料供应与施工进度的有机融合，减少了二次搬运成本；组织经营人员利用 23 天时间，完成项目模型建立及数据清单化统计，统计结果显示实际模型与合同工程量清单有四万多元的差异……精打细算的理念从一开始就植入每个人的脑海中。

两年多来，项目部通过不断"双优化"调整，降本增效，精打细算，效果显著，工期有条不紊地按合同顺利推进，多次收到县重点局的表扬信。

2020 年 6 月，项目部还举办了"国企顶梁柱——打造惠民安居'中冶样板'"云端开放日。当地政府、20 多家媒体和居民代表一致对工程质量表示"放心"，项目部被中国二十冶列为"二十大示范工程"之一，连续两年荣获"先进项目部"，当时亏损的"烫手山芋"，变成了人见人夸的"香饽饽"。

疫情阻挡不了"复工路"

2020 年春节，一场突如其来的新冠肺炎疫情，打乱了所有人的计划，对正处于大干状态的新龙家园项目来说，如果不能尽早复工，势必影响诚信履约。

此时，远在湖南老家的项目负责人符胜军，心早已"飞"到了项目上。2 月 13 日，他组织召开项目管理人员视频会议，听取大家的建议，安排部署工作，紧锣密鼓开展准备工作；2 月 18 日，他克服重重困难，长途驾车 800 多公里第一个赶赴项目部，其他管理人员也于 20 日前全部到位，准备防疫物资、组织卫生清理、进行杀毒消毒、编写防疫预案、申请复工检查。3 月 2 日，项目通过检查验收正式复工，走在了肥东县重点施工项目的前列。

一切准备就绪，然而现场施工人员却因疫情迟滞了返岗的步伐，"巧妇难为无米之炊"，这可急坏了抓紧复工复产的符胜军。

"我们能否在当地召集一些工人先干起来？"项目总工程师黄升的一句话给符胜军提了个醒。他赶紧安排管理人员分头与附近几个村的村支

新龙家园项目部举办"国企顶梁柱——打造惠民安居'中冶样板'"云端开放日

书联系，通过了解，很多工人正因疫情困在家里出不了门而发愁。一个出不去，一个进不来，双方一拍即合，不到五天的时间就召集了300多名工人进场施工。

项目部通过倒排工期、顺排工序、节点管理、优化进程，逐渐把因疫情耽误的时间给抢了回来。

洪水虽无情　人间有大爱

然而，意外总是那么猝不及防。7月中旬，合肥连降暴雨，项目因地处低洼之地，一夜之间办公和生活区一层被淹，100多名工友被洪水困在了宿舍里。

紧要关头，人员安全第一，这是符胜军的第一反应。他迅速带领人员淌水来到工人宿舍生活区，果断组织各分包单位把人员撤到安全区域，并妥善安排吃住等事宜。与此同时，项目总工程师黄升带领一部分水性好的人员深入办公区，抢救施工资料和贵重物资。经过近一天的紧急救援，所有人员全部安置妥善且无一人受伤。虽然损失了一些物资，但贵重的施工资料保存完好，为后续快速复工赢得了宝贵时间。

夜间，为了防止过往群众因不明情况跌入两边水沟，项目部及时拉上了警戒线，在马路上设置车辆警示灯，安排人员轮流通宵在车上值班。天气闷热，蚊虫又多，值班人员几乎是彻夜未眠，但为过往的群众点亮了"平安之路"。来来往往的村民为项目部这一举动竖起了大拇指，大郭村村支书还专门送来了锦旗表示感谢。

洪灾发生后，公司和合肥周边的项目部纷纷支援物资，项目部附近的村、镇领导也相继到现场进行慰问。洪水退去，项目部又马不停蹄组织人员检修配齐工作生活设施，检查施工现场设备、物资状况，在确保安全的前提下快速恢复生产。

"疫情时，我们无法外出找工作，是中国二十冶为我们提供了可以在家门口上班的机会；洪灾时，中国二十冶把我们的安全放在第一位，安排得妥妥当当。现在复工了，我们主动要求回到项目部工作。"一位家住大郭村的工人感动地说道。

艰难方显勇毅，磨砺始得玉成。新龙家园项目部一路走来，遇到了太多的磨难和挑战，但他们始终把诚信履约放在第一位，忠诚坚守，众志成城，用实际行动生动诠释了"选择二十冶就是选择放心"的责任理念。

两封感谢信

上海二十冶　孙尔鹤

老卢的来信

尊敬的中国二十冶工程师们：

你们好！我是老卢，是广西巴马六能"老乡家园"的一名业主。

我曾是燕洞镇子帽村的村民，出去打工，人家听说我是广西人，都说广西山水风光好。但他们不知道广西也有旱地，子帽村就是其中之一。石漠化是这里的地貌特征，我们祖辈已经习惯了从贫瘠的旱地和石缝里种苞谷讨生活，土地贫瘠和山区交通不便是导致我们贫穷的主要原因。知道国家要"脱贫攻坚"，虽然觉得日子有希望了，但仍有些怀疑。一个人走出大山不难，难的是一群人走出去。

六能易地扶贫搬迁安置点

2017 年，我在广州的家具厂打工，村干部打电话跟我说政府要易地搬迁扶贫，要帮我们把房子"挪出去"，挪到平地去。我以为是开玩笑，就那个破屋子，要怎么挪嘛！

没想到不久之后，村干部和上面派下来的扶贫干部一起，挨家挨户登记了我们的家庭情况。扶贫干部说一个叫中国二十冶的央企承建了我们的房子。

"老卢，你在外面打工哦，中国二十冶你听过没？"我妻子打电话问我。

我细细回想，好像是看到过"中国二十冶"这几个蓝标大字的。我的心放回肚子里，一个大企业给我们造房子，有啥不放心哦。

2018 年春节，我回乡过年，这个春节格外热闹，这将是我们在山里过的最后一个新年。节后，我趁着和老乡去六能办事的机会专门绕去了"老乡家园"想看看房子。

站在施工大门对面，看着一栋栋整齐的楼房，我忍不住想，哪一扇窗是属于我的呢？

见我在门外探头探脑，一个年轻的小伙子过来："你好，请问什么事？"听说我是未来的业主，小伙子笑着说："我也是巴马人！你想看一下，理解，不过有的地方还在施工，为了安全不能进去，你可以去旁边我们的项目部，我给你看图纸了解一下。"

我跟着他进了办公室，他一边给我指着窗外在建的小区，一边指着效果图，告诉我每个建筑的具体方位。看着不远处的建筑，灰蓝的外墙，造型别致的屋顶，想象着里面雪白的墙壁、宽敞的房间、明亮的窗户……幸福得让人发晕，这与我们六口人挤着住的山里那个又黑又暗又潮的小房子相比，简直是"一个天上一个地下"。

这时，办公室外面有两个人在吵架，一个戴着眼镜瘦瘦的，嗓门还挺大："一楼渗水还没处理完嘛！再去整改！还不处理完，这个月进度款一定要扣！""处理过的！你真是瞎较真！"一个工人说。

"你不要随便处理一下就算完事儿。"戴眼镜的小伙子的声音很严肃："听说你也刚搬了家，你想想房子下雨天渗水发潮是什么感觉！我管质量就要管到底，糊弄了事在我这里过不了关！"

我没看清"眼镜"正脸，但却觉得他的话很暖心。年轻人能这么较真，房子质量一定有保证。离开他们的办公室，我回头想和小伙子道谢，谁知他已经走远了。那天的天瓦蓝，我记住了办公区大门顶上竖着的一块牌子——"选择二十冶就是选择放心"。

2018 年 5 月 21 日，我如期搬进梦想中的新家，到今天已经住了整两年。采光通透、户型方正，品质一流，下雨天不漏雨，出门不再是泥泞的山路，买东西变得很方便。另外，在贵司和社区街道联合举办的就业帮扶会上，我获得了创业贷款支持，即将开启我的事业。

感谢脱贫攻坚，让我摘掉了"贫困帽"，谢谢中国二十冶工程人，帮助我实现了梦想。

老　卢

2020 年 12 月 20 日

中国二十冶的回信

业主老卢：

您好！收到来信，我们惊喜不已，首先向给予我们信任的您致以谢意。

"一个人走出大山不难，难的是一群人走出去。"当我们亲身参与脱贫攻坚这项历史伟业之后，可以骄傲地说："一群人走出大山也许很难，但一群人拉着一群人走出去，就不算难。"

2017 年我们走进巴马，承担了六能易地扶贫搬迁工程建设，当时的分公司总经理段荣宗立下了军令状——"扶贫建设是政治工程，更是民生工程，我们要克服各种困难，按期按质完成建设任务。"携手老区脱贫攻坚，让老区人共享发展"新"成果，住上好房子。我们作为一个大型央企，有实力、有责任、有信念、有承诺。

六能易地扶贫搬迁安置点第四批搬迁入住仪式现场

中国二十冶成立了区域分公司，上海二十冶华南公司就是属地化的直接体现，许多员工都来自广西本地，甚至就来自巴马。选择土木工程作为职业，就是默认随着项目行走千里、四海为家。能有机会亲手建设自己的家乡，是一份独属于工程人的幸运。对家乡的深厚感情和强烈的建设欲望，也是助力我们扎根老区，顺利完成建设任务的重要情感保证。

"一流品质"是我们长久以来追求的质量标准；"如期搬家"是我们自始至终铭记于心的重要时点。"感谢脱贫攻坚，甩掉贫困帽"是我们共同在建设美好中国的宏伟蓝图上奋力写下的一笔。

感谢您的信任！"选择二十冶就是选择放心"，我们将坚定初心、一如既往。

中国二十冶广西巴马区域项目部全体员工

2021 年 1 月 16 日

后记

2018年脱贫攻坚战打响以来，燕洞镇子帽村包括老卢在内的12户62人成为巴马易地扶贫移民搬迁惠民工程的受益者。

六能易地扶贫搬迁工程总建筑面积106 009平方米。工程主体新建36栋多层建筑，包括老年及儿童活动中心、幼儿园、道路、广场、停车场、消防等配套设施。自2017年5月动工以来，项目部16名管理人员、200多名建设工人克服高温、雨季等困难，以强烈的责任心、扎实的技术和丰富的管理经验为支撑，圆满完成2018年1月交付132户住宅、5月前实现居民陆续拎包入住的既定目标，从此一方百姓搬出"穷窝"奔小康。

让"品牌"在时间的洗礼中熠熠生辉

上海二十冶　汪晨晨

时间似水，可涤繁华；时间似火，可锻真金。

铅华洗尽，初心如磐。一路走来，唯信，不可负；以诚，惯始终……

1994年3月，中国二十冶30余名员工背起行囊来到了江苏省张家港市，投身祖国钢铁建设事业，从此开启了与江苏这片土地的不解之缘。

27年来，从承建当时全国最大的沙钢5 800立方米高炉，到全国第一、亚洲第四的华美超薄带工程建成投产，再到参与江苏南京国家级新区基础建设，中国二十冶始终秉承着"以诚为本"的市场经营理念，用效率创造价值、用创新驱动发展、用品质铸就永恒，在这片热土上与业主共同创造一个又一个奇迹。

用"速度"兑现承诺

从2018年8月2日到2018年11月15日，中国二十冶铁军在金陵完美上演"速度与激情"，没有壮汉美女，只有一群皮肤黝黑的"蓝精灵"，他们坚信："我们可以！"

由中国二十冶承建的南京国家现代农业产业科技创新示范园区，作为2018年全国新农民新技术创业创新博览会的分会场，面对105天的"极限"工期，项目部从进场施工的第一天开始，各专业全部按"日"编排施工计划，倒排工期。每天召开碰头会，当天问题当天解决，对于当日计划拖期的作业项，采取24小时不间断倒班作业的方式弥补。

105 天里，项目部召开了 102 次"碰头会"，随着一系列"组合拳"的出击，各专业完成了一份漂亮的答卷：522 套桩基 10 天完成，294 个基础 12 天完成浇筑，268 根钢柱、3 432 根钢梁 45 天完成制作安装，9 400 平方米 ALC 板 20 天完成制作安装，40 000 平方米的幕墙 45 天完成施工，10 000 平方米内隔墙 20 天完成安装。靠着精细化策划、交叉作业和顽强的"战斗力"，南京国家农创园项目于 2018 年 11 月 15 日顺利迎展，国家农业农村部部长在省市领导的陪同下进行了实地考察。

二十冶人用钢铁般的信念和雷霆般的行动兑现了"承诺"！

用"品质"践行承诺

"2019 年南京市文明标化工地""2020 年度优质结构工程""绿色施工示范工地""2020 年度南京城乡建设领域新技术应用视频大赛铜奖"……一块块荣耀的奖牌，无疑是对建设单位高质量履约的肯定。

由中国二十冶承建的南京丝兰湖二期及琼花湖保障房项目（以下简称丝兰湖项目）位于江苏省南京市浦口经济开发区，这个国家级新区地处长三角及南京都市圈辐射中西部地区的门户位置，是国家科技创新和区域智能制造中心的重要产业平台。丝兰湖项目是建设产城融合新城的服务配套基础设施，为开发区涉外企业的高端人才提供保障性住房，对改善民生、吸引人才具有重要意义。

项目自策划起就坚持高标准、严要求，依托科技力量打造"智慧工地"——信息化数据中心。项目现场深化施工安全管理，构建了更加智能、高效、绿色和精益的建筑施工环境。紧扣信息技术赋能，项目管理人员透过一块块连接着后台数据中心的屏幕，在第一时间"看"见违章、"听"到噪音、"查"到隐患，建立起对施工现场作业面、文明施工情况、人员安全情况、工程质量情况等方面的全面、实时、高效、快捷的立体管控体系。

"科技引领"是中国二十冶基于互联网＋、物联网、大数据、云计算等技术，对施工精细化管控的一个重要环节，丝兰湖项目便是公司近些年来积极探索打造智慧型施工建设工地的一个缩影，中国二十冶用每一个"匠心之作"兑现着"承诺"、诠释着"放心"。因为每一次的"以诚相待"，中国二十冶先后在南京市中标文体中心、眼科医院、智能机器人产业园等重点项目。

用"责任"诠释"放心"

2020年5月5日上午，位于宿迁市宿城区民丰路的新时代名苑项目迎来了一群特殊的观摩人员。他们是宿迁新时代名苑项目工程质量的"检验员"，也是项目未来的入住方。作为江苏宿迁市宿城区拆迁户代表，这个由100多人组成的观摩团受区宣传办、陈集镇政府邀请，于项目建设的中期来到施工现场，实地考察中国二十冶高品质住房的施工过程，亲眼见证一砖一瓦、一沙一石的垒砌和严丝合缝的技术。

宿迁新时代名苑项目是江苏省宿迁市政府坚持把农房改善作为全面

建成小康社会和统揽乡村振兴的龙头工程、民生工程、系统工程实施的重要项目之一。在 2020 年这个不平凡的年份，项目部克服疫情影响，抢抓现场各项施工，全线冲刺，通过夜以继日的努力，在 2020 年 11 月顺利通过分户验收，建成的 870 套住房解决了 2 000 余名群众的住房问题。

"品牌"需要经过时间的洗礼才能坚实建构；"诚信"经过时间的打磨成为中国二十冶一次次高品质兑现后的"名片"。2021 年是实施"十四五"规划、开启全面建设社会主义现代化国家新征程的第一年，也是中国共产党成立 100 周年。作为中国"钢筋铁骨"的奠基者，作为新时代基本建设主力军，中国二十冶从黄浦江畔到江淮大地，始终秉承着"以诚为本"的市场经营理念。未来，中国二十冶将继续勇担央企责任，深耕锦绣江苏。

宿迁新时代名苑项目

以诚感人者　人亦诚而应

海外公司　李　慧

　　古人云：经营之道在于诚，盈利之道在于信。诚实守信既是做人的基本道德准则，也是企业搏击市场赖以生存的前提。作为服务行业的建筑业，中国二十冶海外公司始终坚持优质为本，诚信服务业主。

　　成功之路从不平凡，更何况是一个作为跻身世界300强以内的大国央企的子公司呢？可以这样说，海外公司前进的每一步都是累累硕果积淀的。从学习国外的先进经验、摸索自身的施工技术、提升自身的技术能力到引领驻地国施工典范，海外公司不断学习、积累，逐渐站在了世界建筑舞台前，被国际同行所肯定、被世界业主所赞誉。

　　海外公司积极响应"一带一路"倡议，先后在澳大利亚、斯里兰卡、阿尔及利亚、越南、马尔代夫、印尼、马来西亚、巴布新几内亚、塞班岛、柬埔寨、巴基斯坦等国家承接项目，二十冶人的足迹遍布北美洲、大洋洲、东南亚、南亚、非洲等地；涵盖矿业冶炼、冶金工程、基础设施、制造业工厂、新能源设施建设和设备拆装等多个领域，多年来打造了无数个精品工程。

　　斯里兰卡"国门第一路"CKE项目、斯里兰卡外环高速公路OCH项目、西澳SINO铁矿项目、越南河静项目、阿尔及利亚水泥厂项目、柬埔寨Skylar项目……这些项目都是海外公司向业主践行承诺、不负所托、不负期望的成果！在给业主交付优质成果并带来积极的社会影响的同时，也让他们心悦诚服地点赞"选择二十冶就是选择放心"。建设过程中经历的艰辛和困难，朴实的二十冶人用无畏的坚守和勇往直前的拼搏伴着汗水一路披荆斩棘、攻坚克难，最终给每一位业主都交上一份令人满意的答卷，实现最初对业主的承诺！

在海外公司建设的众多境外项目中，最广为人知的要数"斯里兰卡国门第一路"CKE项目以及越南河静项目。在建设项目过程中，不但要面临交通不便、材料稀缺、社会环境复杂等困难，还经历了国家内战、暴恐袭击等危险考验。

CKE项目初建时，正赶上斯里兰卡三十年内战的尾巴，猛虎组织面对即将失败的局面展开最后的疯狂攻击，社会环境极其复杂危险。在海外公司入驻CKE项目之前，英国、韩国、日本等多个国家已先后尝试修建这条高速公路，但面对复杂的地质条件、简陋的施工设备、匮乏的物资条件、危险的社会环境等一系列困难，最后均以失败告终。中国二十冶决定接手承建这个项目之初，各方对此前景是不看好的，大多以为中国人也会"半途而废"，但中国人选择迎难而上，发扬"一天也不耽误，一天也不懈怠"的精神，分析地质、动员专家、协调资源、攻坚克难，终于在2013年英联邦会议前顺利完工，实现了最初的承诺，圆了斯里兰卡人民期待了半个世纪的梦想！正如中国五矿集团总经理、党组副书记、中冶集团董事长国文清所说："CKE项目的意义不仅仅在于

斯里兰卡国门第一路

103

项目本身，更在于它是中斯友谊之路，有利于促进两国经贸合作、增进两国人民交流。"这条优质的高速公路更是为中国二十冶拿到了第一个境外工程鲁班奖！

海外公司承建的河静项目是台商第一次在国外与大陆企业进行合作，合作方台塑集团更是首次涉足钢铁产业，项目管理任务艰巨，其中还发生了完全不可控的意外事件。2014 年 5 月 13 日，越南爆发打砸中资企业事件，现场极其混乱危险，中冶人在身处极度危险的暴乱中依然保持冷静、勇于担当，第一时间联系中国二十冶商定应急方案；同时力所能及为中国二十冶的合作方台湾同胞提供支援帮助。面对紧张的外部局势，"两岸一家亲"已不是一句口号，两岸同胞血浓于水，患难之中见真情，相互扶持共度难关。事态平息后，项目部第一时间组织人员策划复工复产，在考虑减少集团损失的同时，更主要的是保证合作方的利益。

面对不同国家、不同种族及复杂的国际形势与民族关系，海外公司始终坚守自身的品格与担当，时时践行着对各方的承诺。

我们经历过自然灾害、经历过政变、经历过战争、经历过恐怖事件、经历过病毒侵袭……这些都不能打败我们！我们克服、我们抵抗，最终向世界证明：我们有无惧艰难险阻的勇气，我们有刻苦钻研的精神，我们有规范的管理体系，我们有严格的质量控制标准，我们有先进的设计理念，我们有优秀的施工团队，我们有双赢的经营准则，我们还有很多很多别人没有注意和发现的闪光之处。这些，最终都体现在国内外的各类奖项之上，融合在业主的一句"放心"之中。中国二十冶也在逐步向世界表明：Made in China 不是粗制滥造，而是质量的保证；中国二十冶提供的不仅仅是服务，而是"放心"。

从最初的到处跑市场到世界各方主动来进行业务洽谈，闪亮的"品牌"背后隐藏的是不为人知的辛酸和汗水，最后交付的是保质保量的成果。海外公司一步步将"诚信"的品牌擦亮、升高，并逐渐让更多的业主真切地理解什么是"放心"。

育之诚信花　赢得美名扬

工业公司　郑维波

2020 年 9 月 28 日，福建罗源宝钢德盛 1 780 毫米热轧全线热负荷试车成功，现场一片欢腾。人群中，那些头戴安全帽、身着中冶蓝、手握对讲机、目光时刻紧盯各种电气信号的调试人员尤为醒目。这令人瞩目的业绩背后，是他们一直以来对诚信价值观的坚守——以诚信筑牢安全之基、以诚信锻造服务之魂、以诚信凝聚效益之源。

诚信乃安全之基：从一支笔抓起

早上 7 点，宝钢德盛项目现场的临时休息室内，全体调试成员围在长桌前进行每日安全交接，综合工作条件、通报尾项、通报危险隐患、划分当天的细责、确认并签订知情情况单。"一个遗漏就可能对人员和工程造成伤害，必须严格抓好每天的第一支笔。"中国二十冶工业公司自动化技术中心副主任、宝钢德盛调试项目分管负责人安冬说，"按公司的施工安全标准，要做到对作业范围内安全隐患的了解，但我们要求 100% 了解项目的所有安全隐患，因为电气设备无处不在，互相关联制约，我们多为业主着想、多为项目整体着想，调试作业人员要对整个现场的电气安全负责。"

在这支调试队伍看来，诚信就是安全之基。他们严格遵守着"四不"制度，管好一支笔的使用：安全没保障的不签字，安全程度不达标的不签字，风险不可控的不签字，没把握的事不签字。对他们来说，人员和设备安全是电气调试人对项目的最大诚信。截至目前，宝钢德盛项目的电气调试班组真正做到了零事故、零隐患、零违章。

诚信是服务之魂：从专业技术细琢

2020年年初，疫情来袭，公司没有因为疫情而延长工期，严格按照合同，根据设计图纸、施工验收规范的要求，拿出了力保"9.28"热负荷试车、保质保量完成所有工程、确保工程按期投入使用的坚定态度。作为现场施工的最后一个专业，宝钢德盛热轧工程战线长、设备多、信号点位全方位布置，留给调试班组的时间前所未有的紧张。面对"零工期"的巨大压力，自动化技术中心的调试人员思想明确："我们的理念是以客为尊，我们的目标就是守住节点，维护企业信誉，这是对公司、对业主最基本的诚信。"他们的自信来自扎实精湛的技术支持。

热轧线的电气柜在送电试运行初期，低压配电柜突然报警显示异常，多柜停止运行。调试班组师徒齐上阵，连夜突击，加班核查，最终检测发现厂家的低压配电柜里的浪涌保护器与实际报备有出入，从而导致功能异常，于是建议业主复查整批次同类产品，最终业主更换了产品，消除了工程在热负荷期间发生严重安全事故的隐患。班组稳定的技术服务也造就了打动德盛业主的"四真"态度：真诚对待技术、真心对待问题、真实解决能力、真情努力革新。

杨朔在现场进行高压送电

诚信即效益之源：靠每个人来创造

　　他叫杨朔，是自动化中心宝钢德盛项目电气调试班组的直接负责人。小伙子戴着眼镜，谈吐文雅，去年刚拿了冶金建设行业职业技能竞赛的第三名，今年又喜得千金。5月初，家里给他打电话，爱人因孕期反应剧烈住院保胎，彼时，项目设备进场高峰期压进，多种类协同作业展开，各组电气线路改动频繁，他留给家里的只有一句话：实在走不开。7月，女儿出生，医院打来电话，他请了三天假，回程、医院签字、返程。他说他坐在妻子和女儿的病床旁边守了一夜、看了一夜，心里特别愧疚，恨不得夜晚的时间变得更长一些，然而第二天他还是坐上了回程的飞机。他说："这是我的工作，我的责任，个人的任何原因都不能成为我对团队、对客户失信的理由。"这时，他的眼睛是湿润的。

　　他叫刘建岐，2019年刚入职，笑容灿烂，性格耿直，一口典型的鞍山味普通话："我的起步比较晚，但是从没感觉到末位歧视，更多的是受到的正面鼓励，这就更激励我要不断的有提升、有进步，要不然因为我的原因拖了大家后腿，我会觉得对不起公司交给的任务、对不起每天辛苦教导自己的师傅了。你说，是这个理儿吧？"

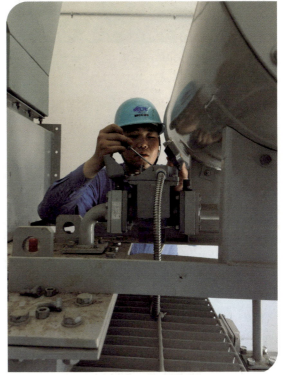

刘建岐在施工现场调试变压器瓦斯

牛建荣正在进行压力信号调试

他叫牛建荣，身材消瘦，文质彬彬，是位满腹诗书的才子。在他的眼里，现场的一颗鹅卵石都是会唱歌的生命。在他的笔下，一个小故障的排除也有一段温情细腻笔墨。艳阳天里，他称大家是赶超夸父的追逐者；晚风微雨中，他称大家是寂静雨夜下的游医。他有诗一样的情怀，也有钢一样的韧劲。上班十几年，作为一名老员工，最危险的高压调试区域总少不了他的身影。工作起来，连他自己都不知道脚踝什么时候被磕肿了一大块，直到疼了数天实在难忍，他才悄悄去药店买膏药和喷雾，第二天带着一身中药味一瘸一拐地照样在现场忙碌。

他叫……

他们是普通的一线电气调试人员，他们一代一代延续着"一天也不耽误，一天也不懈怠"的朴实厚重的中冶精神，言传身教地践行着以诚待人、以信待业的工作信条。他们是"最团结聚力的团队"，一股劲地朝着同一个目标迈进；他们是"最重技术服务的团队"，"捍卫节点的坚强后盾"是他们的亮丽名片。作为携手业主迎接新起点的保驾护航员，他们以诚实守信的精神、以诚恳务实的工作态度，收获了来自业主、监理、厂家的多方赞许。厚厚地摞在那儿的荣誉证书，就是客户给予他们的肯定和褒奖。

"诚信方能致远，方能托起我们电气人追求更高目标的凌云壮志。"自动化技术中心主任李雪峰说："我们要提升竞争力，诚信是最高标准也是最低底线。守住底线，提升标准，带动员工对公司、对客户诚信，是赢得新老客户对我们企业、对我们电气人信赖的唯一法宝。目前工业公司已形成了诚信链条，建立了严格、完善的诚信月报制度，这必将引领我们以更及时、优质、安全的服务回馈广大客户，为社会的发展贡献我们应有的力量。"

疫情下的"未来城"建设

深圳二十冶　　夏佳怡

　　"人无信不立，业无信不兴。"企业的诚信如同高楼大厦的基石。在美丽鹏城——深圳，有一座由中国二十冶承建的"未来城"，项目体量不算大，但"名气"却不小，当地政府、主流媒体多次调研采访。为何一个小小工程能够吸引如此多的注目？这源于阿波罗项目管理团队一次又一次的攻坚克难，取得的胜利；一次又一次的诚信履约，赢得的赞誉，为企业树立了良好的品牌形象，同时也吸引了社会各界的广泛关注。

　　阿波罗项目运用综合管廊、海绵城市、智慧市政及河道综合治理的"大市政"理念进行规划，是深圳市基础设施综合建设的首例，也是中国二十冶在一线城市落地的首个 EPC 项目，肩负着树立企业良好形象的重任；而打造诚信工程、实现优质履约，无疑是最好的证明方式。项目部始终秉承着"诚信为本"的经营理念，在稳控安全、狠抓质量的同时，不忘拼抢进度、争先创优，致力于建设安全放心的精品工程。

疫情来袭　冲锋在前担使命

　　2020 年初，突如其来的新冠肺炎疫情，打破了新年应有的祥和与热闹，为避免人口大规模流动、聚集，国家采取了居家隔离、封锁道路、延迟复工等一系列防控措施。如此一来，项目原有工作计划被打乱，工程建设进度受到影响，既定目标任务完成难度呈直线上升。

　　"一项工程交到你手上，是业主对你的信任，你就必须不负重托，兑现承诺，负责到底！"阿波罗项目负责人赵世东掷地有声地说。他带

阿波罗项目与业主单位联合开展安全教育活动

领项目领导班子毅然放弃与家人团聚的假期，率先到岗，成立防疫复工小组，坚守在施工一线，对防控工作亲力亲为、尽职尽责，为推进项目安全复工复产出谋划策、协调各方。

小组成员坚持以身作则，一方面认真做好疫情防控工作，充分调动身边一切可利用的资源，走遍了能够联系到的药店、超市，累计采购10余批次防护物资，同时将防疫宣传横幅、海报贴满了员工办公区、生活区及施工现场的醒目位置，精心设计的防疫宣传手册也发放到了每位员工的手里，极大提高了员工对疫情形势、防控措施的认识和理解；另一方面努力争取实现首批复工，每天与时间赛跑，深入施工现场、员工宿舍，检查现场情况，耐心叮嘱员工出门戴好口罩、勤洗手少聚集……他们各司其职，尽己所能，常常是最后到食堂的一批人，匆匆忙忙吃上几口饭，又奔赴工作岗位，对照复工要求，一项项整理、一项项落实，建立"一人一档"资料、起草疫情防控应急预案、参加线上培训、迎接各类检查……每当夜幕降临时，项目部依然灯火通明。"疫情面前，没有人能够置身事外，身为项目的一份子，为安全复工出力是我们的责任和使命。"项目书记江灏如是说。

经过半个多月的日夜奋战和不懈努力，项目部顺利通过市委、区委、街道办的层层审核，于 2 月 25 日正式复工，成为龙岗区最早一批复工的工程项目，荣获园山街道办"复工复产标杆单位"称号，登上市住建局第一季度"亮剑行动"的红榜，在区建筑市场主体信用综合评价系统记录良好并加分，深圳商报、晚报、侨报以及龙岗电视台等主流媒体相继采访报道，树立了企业良好的信誉形象。

研判形势　全面把控定方向

"世间事，作于细，成于严。"疫情形势虽有所好转，但仍然不能掉以轻心。如何统筹兼顾疫情防控和生产经营，在保证安全、质量的前提下加快施工，把疫情耽误的时间抢回来，落下的进度赶上来？是项目复工后面临的首个难题。

"做好常态化疫情防控工作，严格按照时序推进施工，特殊情况可以加大投入，一定要完成既定目标任务，决不能疏忽大意，决不能出现任何问题！"工程例会上赵世东着重强调。"现场工人、机械设备都还没有完全到位，这样下去工期又会被耽误，我们不能干等！""当下最紧要的事应当是护送工人安全返岗，建议安排专车'点对点'接送工人"……会上，大家热烈交流讨论，结合现场实际研究制定应对方案。"疫情防控绝不松懈，拼抢进度刻不容缓。"这是项目管理人员的共同心声。

"您好，请配合测量体温，出示实名制二维码！"相同的话语，"值守员"每天都要重复上百遍。项目部为确保工程进度和工人施工安全，在现场新冠肺炎防控点设立党员先锋岗和青年文明岗，由管理人员全天轮班值守，负责对每一位进场人员测量体温、消毒喷洒、登记核实身份，并督促现场文明施工，给安全、质量及进度上"移动保险"。

自 2 月 25 日正式复工以来，项目部因时因势调整工作着力点和应对举措，化危为机、迎难而上，牢牢守住安全与质量这两条"生命线"不松懈。面对疫情带来的人手不足、物资紧缺等困难，项目部不惜加大成本，多渠道寻找原材料和设备供应商。同时，按照就近原则在两广地

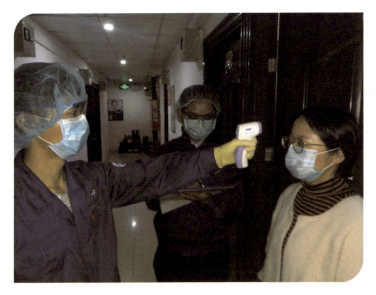

员工宿舍测量体温

区安排专车接运工人安全返岗，以保障现场劳动力充足，抢抓施工黄金期，全面掀起大干热潮。此外，坚持高频度开展全方位大检查，并依托智慧工地平台建设，落实劳务实名制管理，实现项目联动有序管理。

4月20日，项目工程群内被点赞刷屏，工友晒出了一张现场照片，项目第一个工程节点——连山一路连拱隧道暗洞二衬施工如期完成。"选择二十冶就是选择放心"不是一句空洞的口号，而是项目对业主的庄重承诺。负重前行之中步伐坚定，全员奋进之中斗志昂扬，每天改变的是现场进度形象，不变的是项目员工坚定的责任理念。看着被疫情耽误的时间一点点被抢回，进度一点点赶上，项目总工程师王纯岩露出了久违的笑容："如期推进施工，确保完成年度目标任务！"

稳中求进　多措并施出成效

一年来，项目部面对复杂的外部环境和施工技术难题，坚持科学谋划、稳中求进，通过倒排工期、细化节点、明确责任、领导带班等系列举措，大力推进施工进度。

连山一路连拱隧道暗洞二衬施工如期完成、综合管廊建设有序推进、永勤路双连拱隧道中导洞顺利贯通……一系列的阶段性成果接踵而至，极大鼓舞了员工干劲。施工现场，无论是烈日当空还是滂沱大雨，"值守员"没有一丝懈怠，有时会遇见一些工人不理解、不配合，他们这样说："疫情就是命令，防控就是责任，不理解我们的工作不要紧，但我们需要对他们负责。"日复一日的坚守，工人们看在眼里记在心里，从开始的不太配合、不太理解，到后来的主动测量、主动登记，偶尔还会笑着打声招呼："哟，又是这个小伙子啊！""是呀，又是我，今天报体温了吗？"疫情阴霾笼罩之下，简单的问候令人备感温暖。

在这不平凡的一年里，项目部在新冠肺炎疫情和工程开复工监管难度增大的双重压力下，秉承"干一项工程、树一座丰碑、拓一方市场"的管理理念，将精细化、标准化要求贯彻到工程建设的始终，先后获得了"深圳市安全生产与文明施工优良工地""中冶新技术应用示范工程""2020年度下半年深圳市优质工程结构奖"，以及区住建局全年建筑工程质量"红榜"表彰，实现了工程施工履约目标。

8月11日，深圳二十冶中标阿波罗产服科创大厦项目。这是"以现场保市场"战略在深圳龙岗的又一胜利，阿波罗项目的高标准、高质量建设在当地赢得了良好的口碑，受到业主和当地政府单位的充分肯定，为中标产服项目打下了信任基础。2020年的最后一天，项目部收到了业主的表扬信。信中提到，项目复工与防疫"两手抓""两手硬"成效显著，各项指标任务全面完成，并超额完成了年度投资任务，希望中国二十冶继续发扬诚信履约、精细管理的央企风范，圆满完成后续施工任务。这是对项目管理人员一年来辛苦付出的最好肯定。

"东风浩荡满眼春，万里征程催人急。"面对新冠肺炎疫情的大考验，阿波罗项目管理团队克服万难，坚持诚信履约，交出了一份让业主满意、人民满意的答卷。"诚信为本"的经营理念已然化为中国二十冶的品牌影响力和市场竞争力，展望未来，中国二十冶必然能向着更高层次、更优水平、更广领域稳步迈进。

一言九鼎再叙春夏秋冬

工业公司　曹好君

　　宝钢是中国二十冶梦想起飞的地方，与宝钢的一次次合作证明——二十冶人坚守着"诚信为本"的市场经营理念，无愧于"选择二十冶就是选择放心"的承诺。在福建宝钢德盛这片热土上，从 2011 年开始的首次合作，伴随着宝钢德盛精品不锈钢绿色产业基地的战略目标，一个接一个的大型冶建项目均由中国二十冶主力操刀，中国二十冶一次又一次用精品兑现了承诺，一年又一年用"一天也不耽误，一天也不懈怠"的中冶精神讲述了一个个春夏秋冬里的故事，绘出了一张张春夏秋冬的四季画卷。

冬

　　2020 年注定是不平凡的。肆虐的新冠病毒不仅威胁到了人民的生命健康，也严重影响着社会经济发展和社会秩序的稳定。宝钢德盛 1 780 毫米热轧项目作为福建省重点项目，怎么在国家进入甲类防疫管控、全国各地务工人员因交通管制的问题不能按期返岗的情况下及时复工复产？如何实现对福建省政府和业主的承诺？

　　在中国二十冶工业公司副总经理史卫东的指挥下，项目部采取节点激励机制，春节期间 150 名作业人员不歇工，奋战一线拼抢工期。疫情来临，项目部第一时间成立疫情防控小组，制定应急防疫方案，部署疫情防控措施，打响防疫狙击战第一枪。在 2 月 10 日复工前，项目部采购应急保障物资确保物资充足，达到复工准备的要求条件。同时，积极响应福建省政府包机补助、专列免费、包车半价报销等政策，先后为山东菏泽地区管道施工队 40 余人、江西省新余市土建队 15 人、河南安阳木工班组 25 人解决了出行问题。疫情防控责任大于天，复工人员的隔离、送餐、消毒消杀一系列防控举措扎实、到位、有效，也顺利通过了罗源县疫情防控组的一次次监督检查，兑现了对县政府领导复工生产防疫安全的承诺，平稳度过疫情风险期。

聘请卫生防疫部门专业消杀队伍对办公区、生活区进行消杀

经过科学严密部署、精心组织安排，2019 年 12 月 1 日，主轧线 40 吨行车大梁开始吊装，宝钢德盛 1 780 毫米热轧工程设备安装正式拉开帷幕。17 天时间将主轧线 40 吨行车及加热炉 15 吨行车投入使用，为轧线设备及炉区设备安装创造了重要的吊装作业条件。2020 年 1 月 1 日，顺利完成精轧机 F4 机架吊装作业。2020 年 3 月 27 日，粗轧 E2R2 轧机牌坊顺利吊装。各施工节点未因疫情而滞后，兑现了对业主的承诺。

春

春回大地，嫩绿的草尖破土而出，一层层、一片片，像极了渴望长大的孩子。在1780毫米热轧加热炉生产区，上部炉壳与平台钢结构安装在紧锣密鼓地进行中，下部土建收尾及高压蒸汽、高压水除鳞管道等施工作业也铆足了干劲。一切都在等待着冲破土层，焕发生命力。宝钢德盛1780毫米热轧项目技术质量部主任工程师范宁哲看着这片景象既高兴又焦急。摆在他面前的有三个难题：一是工期紧，各项施工同时进行，加热炉施工面狭小、作业空间无法满足正常需求，水梁立柱、水封槽等各项安装工序需要高度配合；二是设备厂家供货滞后，严重影响着施工进度；三是1780毫米热轧的3台加热炉是横跨3个车间厂房3B-3A、2C-2D、2B-2C，所以每台加热炉设备安装时都需要3跨车间的3台行车配合，而且每跨之间的行车梁下方有3～5米的行车吊装盲区，给设备安装增加了很大难度，并且2C-2D、2B-2C跨行车暂时不具备使用条件。范宁哲看在眼里，急在心上，他明白，只有解决吊装问题，才能保证加热炉的施工节点，吊装成为解决施工问题的当务之急。

南方的春天总是细雨蒙蒙，略带寒意，在施工现场的范宁哲拿着图纸一次次核对，与现场经验丰富的老师傅们一次次分析加热炉基础结构、反复验算基础承受力。最终，功夫不负有心人，测算出合理的解决方案，在加热炉6米混凝土平台上加装1～2台临时龙门吊，龙门吊运动方向是沿加热炉方向布置，龙门吊投入使用后避免了行车吊装盲区和多台行车配合吊装使用的问题，保证了施工的连续吊装作业，为后期的1号加热炉"8.28"烘炉、2号炉的"11.28"烘炉运行起到了巨大的推动作用。

夏

施工现场像福州灼烧的夏日，紧张而热烈，是在与自己比赛，是在与时间赛跑，工期节点一分一秒地逼近，所有人都攥紧拳头，铆足干劲，因为这里就是拼尽全力干得酣畅、突破极限创造奇迹的地方。

2020年8月，烈日下，货车玻璃反射着刺眼的光芒，绕着光晕却带着令人兴奋的颜色，因为汽笛声带来了精轧区设备基础换辊平台设备，期盼已久的设备终于可以着手安装了。因设备安装单位使用的基准标高点与土建存在差异，8月20日，根据现场信息反馈，换辊平台标高分别为▽5.886，▽5.976，牵引小车轨道通长埋件（厚度6毫米，宽度300毫米）需普遍下降约6毫米。接到通知后，工程技术部立即组织安装、测量、土建等单位商讨处理方案，确定将原有锚板撬开割除（保留其锚固钢筋）、剔打锚板底部砼深度达30毫米左右、重新安装锚板（原有锚筋采用钻孔塞焊）、锚板底板采用水泥基灌浆料浇灌密实。尽管土建单位全力以赴、加班加点，但由于处理难度及工程量相对较大，为了不影响"9.28"施工节点，工程管理部李振金、雷锦会同土建单位10多名管理人员24小时值守现场，持续奋战。没有四菜一汤的讲究，只有盒饭方便面的速战速决和争分夺秒加油干的士气；没有舒适清凉的空调，只有封闭闷热的厂房和保节点的信心；没有夏夜的蝉鸣，只有机械设备的轰鸣和奋战必胜的决心。

终于，在9月4日与设备安装单位顺利完成交接。

秋

秋，是收获的季节，尽管困难重重，但还记得誓言在，军令如山。对于每个节点，二十冶人铭记在心，用行动、用汗水践行诺言，将各个节点铸成了攀登终点的基石，一步一个脚印，将这些故事写在了新一年的春夏秋冬。"9.28"，胜利了！鞭炮声中，掌声中，二十冶人轻轻一笑，是满足，是对兑现了承诺的开心。而这只是这一个项目的春夏秋冬。还看，下一个春夏秋冬……

重信守诺　智造民生

上海二十冶　关　关

"如果这几天可以复工，能不能明年五一开馆？五一开馆，我们之前已经对襄阳民众宣传过了。"电话里是业主略带焦急的声音。

"如果这七天内有复工的消息，我们一定信守承诺，保证竣工，五一按时开馆！"电话这一端，是上海二十冶华中公司湖北省襄阳图书馆项目负责人王震。

2020年年初的这一幕，对当下正在带领图书馆项目团队向更高工程奖项冲刺的王震来说仍记忆犹新，对那份属于二十冶人的沉甸甸的责任感铭记在心，而这份责任感正是源于对履约的重视和对工作的热爱。

居家协调做准备

春节期间，襄阳图书馆项目部员工并没有闲着，他们一直在密切关注国家和地方政府的相关政策及防控部署。按照公司部署，第一次复工节点将是2月14日。项目部积极组织协调，2月2日即完成了复工方案、防疫物资、人员名单等前期准备工作，2月4日召开了各参建专业单位的线上动员会。但因疫情来势汹汹、传播广、传染快，2月的复工计划无奈搁浅。

3月3日，接到业主电话的负责人王震心里真着急。放下电话，他赶紧和湖北的分包方沟通防疫和复工复产的各项工作，与项目部管理人员召开视频会议，商议新的施工方案。为了兑现五一开馆的承诺，为了公司的信誉和形象，项目部全体工作人员随时待命，一旦复工，召必去，战必胜。

襄阳图书馆企业开放日现场

稳扎稳打保进度

3月13日下午，襄阳市传来可以复工复产的通知。

3月17日早晨，项目部全体员工从四面八方克服诸多困难，顺利到达施工现场。

襄阳图书馆项目地处襄阳市东津新区，总建筑面积约5.4万平方米。作为襄阳市十大重点工程之一，受到了襄阳市政府和人民的高度关注。能否在五一如期开馆，关系到公司的企业形象。

"疫情当前，稳生产就是保民生，襄阳图书馆是民生所需，按期交付工程是建设者的责任所在，更是央企社会责任担当的重要体现。我们会信守承诺，保障图书馆如期完工，确保五一开馆！"王震立下军令状。

复工首日，项目部召开全员复工复产推进会暨大干动员会，落实疫情防控物资准备情况，组织协调本地队伍优先进场施工；复工第二天，精装、幕墙、消防、暖通等专业分包队伍依序进场复工；复工第三天，定制家具采购及进场事宜有序展开。

与此同时，现场的管理人员每天现场巡查、召开进度推进会，组织各分包单位收尾考核，推进各专业进度。

全力以赴践诺言

3月23日，襄阳市政府领导一行来到襄阳图书馆施工现场，调研复工复产情况及落实五一开馆进展，要求市政府各部门、东津新区管委会、市文旅局及市图书馆加强协调，细化责任，确保实现五一开馆目标。"时间紧、任务重，有困难可以提，各部门协调解决，五一开馆的目标一定要保证。没问题吧？"面对领导的询问，王震挺直了腰板，工装左胸的 MCC 标志显得更加惹眼："请各位领导放心，保证实现五一开馆目标！"

收尾工程开始了，第一轮的大排查检查出很多需要细化的地方，这些小毛病不影响大局，但是若不及时处理，就可能造成未知的不良影响。

拿着排查清单，看着正在测试的霓虹灯，王震的嗓子因为在现场说话过多而有些沙哑："这是问题清单，还有一个月的时间就要开馆了，收尾工作，关系重大！我希望每个人都打起一百二十分的精神！对得起

襄阳图书馆外景

公司，对得起承诺，为襄阳人民建一座经得起时间考验的图书馆！有没有信心？"

"有！"激情点燃责任，化作无限的动力。

问题清单越来越薄，后来，仅剩的短短几行也消失了。

4月11日，第三次水、电、设备等联调联试顺利完成。这标志着图书馆距离正式开馆只差最后一次排查。大家已经习惯了5点多起床，可这一天的晚上王震破天荒地说："明天可以睡到7点，养足精神进行开馆前的最后准备。"

可第二天，大家仍旧早早起床了，亲手修建的建筑就跟自己的孩子一样，眼看着就要呱呱坠地了。"我们睡不着！王总，咱们去现场吧！"年龄最小的工程师杜普笑呵呵地说。是啊，这个入职才一年多的小伙儿就参与了这样一座意义重大的建筑："我们要全力保障开馆呢！"

在项目部全体员工的努力下，4月21日，图书馆竣工。4月23日成功举办了第一场活动。

2020年5月1日，湖北省襄阳市图书新馆按期开馆，以优美的新生姿态展现在世人面前，迅速成为市民打卡的新晋网红地。二十冶人秉持着"一天也不耽误，一天也不懈怠"的中冶精神，硬核保驾襄阳图书馆项目按期建成开馆，诠释了"诚信是金"的信条，做到了重信守诺。

鱼山岛上的承诺

浙江二十冶　何聪聪

　　诚，真实，诚恳；信，信任，证据。以真诚之心行信义之事。诚信是诚实无欺，信守诺言，言行一致，表里如一。

　　2020 年春，突如其来的新冠疫情给春节蒙上了一层阴影，也给舟山鱼山岛上浙石化 4 000 万吨炼化一体化项目二期工程桩基项目（简称鱼山岛项目）的推进增加了不小的难度，因为疫情的影响，大批工人无

鱼山岛项目突击队

"大干 50 天，确保时间过半完成任务过半"劳动竞赛启动仪式

法按时返岗，许多施工计划被迫取消或延期，与业主约定的"7.30 节点"面临严峻挑战。

"同志们，尽管我们现在面临很多困难，但是'7.30 节点'必须克服一切困难来保证！"2020 年 3 月 25 日，在鱼山岛项目工程进度推进会上，项目经理郭新亮斩钉截铁地说。会议室响起了热烈的掌声。业主代表离席后，项目部各职能部室及分包班组负责人继续召开推进会。

保证节点谈何容易？

"老王，下月 15 号之前你们队伍必须全部上岗！"施工经理老刘向施工班组负责人下达死命令。

"这个太困难了，很多工人都不愿意冒疫情的风险出来干活，而且现在很多地方都交通不便！"老王答道。

"那就适当提高工人工资，派专车去接，无论如何一定要保证节点按时实现！"郭新亮大手一挥强硬地说道。

"节点按时完成是我们对业主的承诺，无论如何也要把疫情耽误的时间抢回来！"郭新亮在会议的最后总结道，也是给项目部全员下达了死命令。

在这场抢工期、保节点的奋战中，项目部成员们各显身手，重新编制施工进度计划、人员工作计划、施工机械分配方案。为解决工人防控疫情不愿出门、出不来门的难题，项目部统一规划调动车辆将工人分批、分次由家中直接送到施工现场的生活区，同时严格执行防疫计划、措施，隔离 14 天后上岗。在项目部全体人员的通力协作下，人、材、机全部到达指定地点，准备复工。

"我们今天晚上必须要把这张图纸上剩下的 8 根桩打完！"4 月 30 日深夜，机长老朱站在桩机旁，边说边向身后的两个年轻徒弟"吼道"，说完大家又加快了手上的动作。

"不行，按现在的进度，根本不可能按时完成节点啊！"老刘着急地说道。

"刘总，我来负责协调其他桩机进场施工，保证把进度赶上来。"平时一声不吭的小李主动请缨。见小李主动请命，老刘惊讶地看了小李一眼，然后拍了拍他的肩膀笑着说："后生可畏！"第二天，小李带领着四位机长开始规划、调配他们的施工范围、机械数量和施工顺序……

整个工程施工难度最大的部分是技改项目，在受厂区条件限制无法加班的情况下，只能在规定时间内提高施工效率。项目部立即组织精兵强将，经过安全教育、转型教育、技术交底后，整装上阵开始赶进度、抢工期。

深夜 11 点，项目部会议室灯火通明，争论声此起彼伏。

"老孙，你的队伍咋回事，怎么 10 根桩打了两天还没打完？"老刘对分包老板老孙提出质问。

"领导，这里的桩太难打了，一天只能干 8 个小时，昨天还下了半天的雨……"老孙一脸愁苦。

"我不听理由，你没按时完成施工任务，按我们之前预定奖惩考核标准，这次罚你 1 000 元以示警告。"老刘盯着老孙丝毫不留情面……

2020 年 7 月 30 日，随着最后一根桩打入地基，空旷的工地上响起烟花爆竹声，在场的每个人脸上都洋溢着胜利的喜悦，连平时不苟言笑的老刘都咧开了嘴。

郭新亮带头鼓起掌，老刘找到之前被罚款的老孙说，"这次能按节点完成你功不可没，我代表项目部奖励你 10 000 元。"老孙之前咧开的嘴这下咧得更大了，业主代表竖着大拇指说："中国二十冶干活儿就是行！"

诚信是我们的名片，承诺是我们的金字招牌，正是因为全员坚守"诚信"，奋力拼搏，用实际行动诠释了央企的责任与担当，才让中国二十冶的诚信之道越走越宽。

"放心"精神　传承有我

上海二十冶　张　芳

1978 年，二十冶人打下宝钢第一桩，用勤奋、勇敢、果断、守信，引领和推动了行业的进步。今天，中国二十冶致力于建设成为"公司富强、员工幸福、业主信赖、社会称赞"的一流企业，必将推动这些美好品德一代代薪火相传。

"中国的未来属于青年，中华民族的未来也属于青年"，中国二十冶青年"知来路，明去路"，用真诚奉献，诚实守信，为中国二十冶的蓬勃发展绘就靓丽的青春底色。

——题记

"1981 年我正式踏入中国二十冶实习，这是我 40 余年职业生涯的开始。工作中，我与师傅们同吃同住同劳动，他们时常会因当时技术水平不足而扼腕叹息，也会因自然条件影响而无奈，但是没有一个人因此而后退，他们身上那种不断挑战极限、突破极限，只为最后交付保质保量成果的精神，让我对这支建筑铁军有了更加深刻的认识，也深深影响和感染了我。这段经历成为我往后职业生涯的难忘回忆。"中国二十冶铜仁棚户区改造项目党支部书记景慎全，正将自己的职业生涯故事娓娓道向 2019 届新员工。

"青年强则国家强"，重视青年教育和企业文化传承，是老一辈二十冶人身上的责任和担当，也是这个企业"历久弥新"、不断成长进步的生存法则。而"放心"精神，正是在这样一代代人的传承中越发耀眼。

2018 年底，中国二十冶铜仁棚户区改造项目（简称铜仁棚改项目）

开工建设，作为中国二十冶的重点工程，也是铜仁市加快城市可持续发展、改善住房困难群众居住条件的重大民生工程，从建设初期，它就被赋予了"不俗"的"身价"。一支平均年龄不到30岁、属地化员工超过90%的年轻团队被组建，他们肩负着再树丰碑和打开铜仁市场的"重任"，知难而进，不畏艰险、直面挑战，用实际行动诠释着"'放心'精神，传承有我"。

攻坚克难，他们是冲锋陷阵的"突击队"

2019年1月，不满30岁的吕树方加入铜仁棚改项目任项目总工程师，面对体量大、工期紧、施工技术复杂的情况，他说："如何攻克难关，我们要比别人多一份主动。"

项目初期，管理人员不足，施工环境复杂，为加快施工进度，他从早到晚坚守在现场，面对17.9米深、支护面积2万平方米的基坑支护这块难啃的硬骨头，他带领技术人员夜以继日奋战在施工一线，研究图纸，编制和优化施工要点方案，"晴天一身汗，雨天一身泥"是他的工作常态。

2020年3月，10号楼独立基础和9号楼人工挖孔桩的钎探正在进行。在连续一周挖不到持力层的情况下，为了确保桩基的安全性，吕树方带领队伍每天工作十几个小时，不间断持续盯在现场长达半个多月，终于按时、保质完成了施工任务。

复工复产，他们是勇挑重担的"排头兵"

2020年初疫情暴发，工期紧又遇疫情防控，复工复产刻不容缓。"关键时刻我们必须要心往一处想、劲往一处使，协调联动，全力以赴推动项目复工复产，把耽误的时间抢回来，把遭受的损失补回来，确保如期优质履约。"33岁的王正兴，接受了任职施工经理以来的第一个"考验"。

铜仁棚改项目首栋楼主体结构封顶

项目 650 多位管理人员及劳务工人已顺利返岗，但项目运转还缺"原料"，物流受疫情影响，材料采购供应迟迟跟不上进度。面对困难，他积极带动项目青年员工主动出击，与钢材、混凝土生产厂家对接协调，将原料供应精确到每一个零件，办理重点工程运输通行证。在大家的共同努力下，大量材料进场，原材料供应可满足项目一个半月的正常施工需求，复工率达到 100%。

属地融合，他们是央企担当的"代言人"

党有号召，团有行动。2019 年 11 月，铜仁棚改项目党支部发起号召，将 10 名青年聚集到了志愿服务的大旗下。

2019 年入职的聂惠琦，虽然还是一脸的青涩，但行动中却透着成熟和稳重。在铜仁棚改项目复工复产的关键阶段，"跳出舒适圈，志愿抗击第一线"是青年志愿者服务队中新入职员工聂惠琦的行动力和拼搏心，她说："疫情不止，战斗不息。"

接到复工指令，她跨越重重关卡，回归工作岗位。在项目上，服从管理安排，向党员看齐，主动加入项目值班队伍，加强对返工人员的看护隔离、体温检测，将青年的热血挥洒在项目前线；在项目外，她积极响应团支部号召，到铜仁市碧江区环北街道办事处桐梓巷社区防疫卡点，为辛苦坚守在防疫一线的工作人员送热茶，带去中国二十冶的温暖问候，用实际行动展示中国二十冶青年的责任担当和青春风采。

铜仁棚改项目青年在团旗下宣誓

丰碑永固，情怀不老。2020年12月，中国二十冶铜仁棚改项目不负众望，荣获"双优"工程大奖。中国二十冶青年，用担当和实力，让业主"放心"，让社会"放心"。而这种"放心"的企业情怀，将持续在一代代青年的接力和奋斗中，不断为企业发展注入新活力。

在蚌埠市场开花结果的诚信故事

城建公司　徐德明　欧明珠

秋天是一个收获的季节，也是一个充满希望的季节。2020年10月21日，蚌埠市禹会区秦集镇农民安置小区四期工程总承包项目中标通知书正式下达，这是继2019年中国二十冶城建公司中标蚌埠市委党校改建工程、五河县西凌安置房工程之后，在蚌埠市场"收获"的第三标。诚信是企业最好的"营养剂"和"压舱石"，能够在蚌埠市场顺利开花结果，是中国二十冶恪守诚信的最佳体现。

诚心培育结出硕果

开拓市场犹如培育一棵果树，播下一颗诚信的种子，付出诚实的劳动和艰辛的努力，最后才能结出丰硕的果实。

2018年公司落户安徽后，确立了以合肥为中心的五大区域市场。作为皖北中心城市、百年综合交通枢纽的蚌埠市就是其中之一。

公司进入蚌埠市场晚，在激烈的竞争环境中，能够突出重围实属不易。这不仅凝聚着公司投标团队的智慧和心血，更是中国二十冶综合实力和优质口碑的体现。蚌埠市委党校改建工程是市重点工程，创"黄山杯"项目，政治性强，技术要求高；五河县西凌安置房工程和禹会区秦集镇农民安置小区四期工程总承包项目是民生工程，社会关注度高，这三个都是"公标"项目，竞争异常激烈。在投标准备的过程中，公司党委书记、总经理李明亲自带领投标团队，多次勘察工程所在地的自然条件、施工条件及周边环境，深入了解当地地质、气候、交通、水电等状况，以确保后期编制技术方案的合理性、可行性。技术方案形成后，投

五河县西凌安置房工程项目部慰问守堤值班人员

标团队多次开展"头脑风暴"，对于项目的重点、难点和关键工序多次展开讨论，反复提出修改意见，精益求精，力求技术方案臻于完美。

这三个项目均以高品质的施工组织设计方案，赢得了业主和评审专家的一致认可，最终顺利中标。

干好现场赢得市场

如果说 2019 年中标的两个项目，靠的是中国二十冶综合实力和投标团队精益求精的工作作风，那么 2020 年再次中标，则是中国二十冶打造精品工程和秉持诚信履约的成果，是"以现场赢市场"的成功范例。

2020 年 6 月 9 日，《蚌埠日报》在头版报道中指出："蚌埠市委党校改建工程项目作为第一批复工的市重点项目，城建公司及时与施工人员所在地政府协调对接，及时制订复工方案，有效解决人员返岗、交通保障等方面困难。"在严峻的疫情形势下，为了确保工期不受影响，项目部积极主动作为，一方面，严格按照地方政府要求，落实好各项疫情防控措施；另一方面，积极协调施工人员进场，迅速掀起大干热潮，力争把因疫情耽误的时间抢回来。目前，项目已进入尾项处理阶段，预计8月份达到初步验收条件。

2020年7月，五河县西凌安置房工程项目部QC小组的《降低钢筋电渣压力焊的质量问题》成果荣获2020年安徽省工程建设质量管理小组成果二等奖，这是对中国二十冶工程质量的褒奖和信任。针对项目工期紧、任务重，主体结构中竖向钢筋接头多的实际情况，项目部研究决定开展QC小组活动，解决电渣压力焊焊接技术难题。施工过程中，QC小组先后对焊接质量进行了七次抽样检查，围绕影响钢筋焊接质量的"四个要因"逐个分析原因，研究优化技术方案。电渣压力焊焊接技术的成功运用，不仅提升了工程质量，加快了施工进度，而且有效降低了返工量，得到了设计、建设、监理、质量安全监督站等单位的一致认可，为企业树立了良好形象，为开拓市场赢得了优质口碑。

真情温暖第二故乡

如果说"项目在哪里，哪里就是我的家"是"建筑人"的真实写照，那么"工程干到哪里，哪里就是我们的第二故乡"则是中国二十冶的央企情怀和责任担当。

2020年是脱贫攻坚决战决胜之年，五河县西凌安置房工程项目部积极践行央企社会责任，主动与头埠镇柿马村、刘马村的贫困户结成帮扶对子，定期到贫困户家中走访慰问，送去米面、食用油、肉类、蔬菜等生活物资。为了帮助贫困户彻底拔掉"穷根"，项目部主动与村委会筹划"用工助脱贫"计划，根据贫困户劳动力状况，结合项目现场需求，提供了保洁、保卫、厨师、劳务工人等工作岗位，同时还在项目上组织劳务技能培训，成功实现扶贫与扶智同步、输血与造血衔接的目标。

7月中旬，蚌埠市汛情严峻，淮河大堤五河段水位暴涨，多次超过警戒线。堤坝离县城不到十公里，一旦决堤，后果不堪设想。五河县政府安排干部群众轮流上坝日夜值守，时刻监测水位高度。了解到这一情况后，五河县西凌安置房工程项目部先后多次上堤坝慰问值班人员，给他们送去食物、矿泉水、西瓜、防蚊清凉药品等，为防汛工作贡献一份来自中国二十冶的力量。

市场是检验企业诚信的"试金石"。下一步，城建公司将继续践行"选择二十冶就是选择放心"的责任理念，以现场赢市场，以诚信赢口碑，以作为赢地位，力争在蚌埠市场结出更多的硕果。

优质服务铸诚信　民生工程展风采

总承包公司　梁　健　黄绍林

诚信，如同一轮明月普照大地，以它的清辉驱尽人间的阴暗；诚信如一束芬芳的玫瑰，能打动有情人的心。无论时空如何变幻，诚信都闪烁着耀眼的光芒。在美丽的无锡梁溪，由中国二十冶承建的无锡市梁溪区北塘联圩片区（一标段）工程，项目体量不算大，但"名气"却不小，当地政府、主流媒体多次调研采访。为何一个小小工程能够吸引如此多的关注？这源于中国二十冶无锡河道整治项目管理团队一次又一次的攻坚克难取得的成绩。中国二十冶遵循"截污优先、面源治理、底泥改良、水质净化、环境提升、生态补水、生态恢复、长理效管"的管理

顾桥港治理后航拍图

135

方针，实现了水质提升、功能提升、景观提升的河道整治目标，打造出了"岸青水绿"、老百姓满意的民生工程。项目团队一次又一次的诚信履约，赢得了诸多赞誉，使中国二十冶的知名度、美誉度进一步提升，品牌优势也进一步彰显。

诚实守信是中华民族的传统美德。自古以来，恪守诚信就是衡量一个人行为、品质和人格的标准。做企业同样需要诚信，诚实守信既是做人的基本道德准则，也是企业搏击市场、赖以生存的前提。作为央企的中国二十冶自始至终把业主的要求放在首要位置，不断创新进取，正如中国二十冶副总工程师、总承包公司总经理冯志峰所说："经营之道在于诚，赢利之道在于信；诚信于业主、服务好业主、帮助管理好业主的项目就是帮助自己的企业树品牌。"中国二十冶无锡市梁溪区北塘联圩片区（一标段）工程治理河道共 23 条，总长度达 30 公里，合同约定2020 年 12 月 31 日施工完毕。由于改造区域纵横主城区、沿岸街区，人口稠密，周边环境极其复杂，根据业主方的实际需求，项目经理部主动出击，周密策划，协同设计、勘察人员，历时一个多月弃车徒步，走街串巷，逐河调研，最终提出"一河一策"整治方案，并精准实施"七项工程"。项目团队在压缩工期的同时，信守承诺，克服重重困难，说到做到，在 2020 年 12 月底前高质量完成河道完工验收，交出一份让业主满意的答卷，用实际行动践行了"选择二十冶就是选择放心"的责任理念。

诚信是生活中不可缺少的。只有诚实守信，才能创造良好的企业信誉，在市场经济快速发展的今天，企业才能立于不败之地。在中国二十冶无锡河道项目经理部，到处闪烁着诚信的光芒。项目履约过程中，建设单位给予的评价都在 95 分以上，不论是对待自己的工作，还是对待分包、业主，项目部全体人员都能做到诚实守信、一诺千金。在新冠疫情的冲击下，项目部始终坚持"以人为本，生命至上"的原则，因人而异，科学复工。通过近两年的施工治理，整治过的河道焕然一新——水变清了，河变绿了，岸变美了。附近居民见到现代"治水人"，常会竖

项目人员在企业开放日接受当地媒体采访

起大拇指，称赞他们做了一件功德无量的大好事。在 2020 年 10 月 30 日成功举办的中冶集团企业开放日观摩活动，江苏省无锡市各大新闻媒体都到现场进行采访与观摩。此次企业开放日的成功举办，进一步向社会展现了央企的责任风采和社会担当。

中国二十冶以生态文明建设为己任，以央企的实力与诚信为担当，秉承"一天也不耽误，一天也不懈怠"的中冶精神和发展劲头，参与无锡古城河道整治，助力城市生态发展，向无锡市人民交上一份精彩的答卷，同时也绘就出一幅生态秀美的江南水乡画卷。

以诚信打造中国二十冶"金名片"

总承包公司　杨建华　余　园

　　所谓诚信，即以真诚之心，行信义之事。"诚"是为人之道，"信"乃立业之本。诚信作为企业的生存发展之道、个人的立身处世之本，已经越来越引起全社会的关注和重视。中国二十冶自成立以来始终坚持以"诚信为本"的经营理念，以"选择二十冶就是选择放心"的责任理念，铸造冶建铁军，征程浩瀚，冶建人的足迹踏遍大江南北，争当冶金建设国家队，勇做基本建设主力军！迈入新时代，中国二十冶聚焦高质量发展，大力实施精品战略，不断推进企业诚信建设工作，做到内诚于心，外信于人。作为扎根淮海经济区的先头兵，中国二十冶云鼎新宜家安置房项目将"诚信为本"的经营理念践行在方方面面。

　　云鼎新宜家项目从成立伊始就践行"以人为本"的管理理念，积极打造"诚信为本"的经营管理团队。项目经理武强率先倡导诚实做人、诚信做事的职业观，大力宣扬以"诚"为先的价值观，在完成工程建设的同时，为企业高质量发展培育了一支追求卓越、至诚至信的现代化管理团队。

　　云鼎新宜家项目把诚信建设工作落实到合同履约管理中。诚实履行合同，是考验企业诚信的试金石。无论面临何种困难，云鼎新宜家项目全体人员在项目经理武强的带领下齐心协力、坚定信念、克服项目建设中的种种困难，如期保质保量完成工程项目建设、按期支付工程款、按月足额发放农民工工资。云鼎新宜家项目严守合同约定，诚实履行合同义务，多次获得业主方的认可及表扬。

　　企业的诚信度是云鼎新宜家项目选择劳务队伍和材料供应商的重要标准。项目经理武强主张遵循"以法为度、以信为本"的原则，实行

"失信企业"一票否决制，择优选择最具诚信精神的合作伙伴。在施工现场保安全、抓质量、促生产工作和供货服务上能够自我提高要求，更好地服务于工程建设，与一批值得长期合作的伙伴建立联系，为工程项目建设、合同履约提供坚强有力的保障。

在工程建设期间，云鼎新宜家项目始终坚持以"创精品工程，树企业品牌"为目标，把诚信建设落实到创建精品工程的过程中。以标准化建设为基石，以制度体系为支撑，遵循"标准化、规范化、精细化"的管理要求，严把安全关、质量关，不容弄虚作假，切实解决施工过程中存在的质量问题、消除安全风险。云鼎新宜家项目以标准化、高要求的管理打造了高标准的施工现场，受到各级主管部门高度关注，被徐州市列为观摩工地。2018年11月30日举行的徐州市建筑施工安全文明标准化示范项目观摩会，共接待来自各市、县（区）行政主管部门及施工单位、监理单位的观摩人员约500人，获得各级行政主管部门的肯定以及参会人员的一致好评，在赢得业主信赖的同时，也为行业树立了标杆，为企业赢得了荣誉。在项目部全体人员的努力下，云鼎新宜家安置房项目先后获得"徐州市建筑施工标准化文明示范工地""江苏省建筑施工标准化星级工地（三星级）""徐州市优质结构工程"等荣誉。

中国二十冶云鼎新宜家安置房项目团队

在做好工程建设的同时，云鼎新宜家项目同样注重企业文化的建设，大力倡导将企业文化建设与施工现场工作相结合，以"党建＋"模式引领项目建设，扎实推进支部共建，充分发挥共产党员先锋模范、战斗堡垒的作用。特别是在疫情期间，党员冲在最前面，带动项目全体人员积极开展疫情防控、复工复产工作，为项目如期交付保驾护航。积极开展企业开放日活动，参与各项企业诚信创建活动，在实践中不断提升企业信用，切实做到干一项工程、树一座丰碑，提高企业信用等级，增强市场竞争力。

习近平总书记强调："希望大家诚信守法。""诚者，天之道也；思诚者，人之道也。"人无信不立，企业和企业家也是如此。社会主义市场经济是信用经济、法治经济。法治意识、契约精神、守约观念是现代经济活动的重要规范意识，也是信用经济、法治经济的重要要求。诚实守信，是市场经济条件下的"通行证"和"身份证"。新时代、新挑战、新机遇，中国二十冶云鼎新宜家安置房项目正是秉承"诚信为本"的经营理念，坚持"选择二十冶就是选择放心"的责任理念，抓住了市场经济的机遇，赢得了客户的青睐，树立了良好的品牌形象，为以现场开拓市场打造了一张"金名片"，更为中国二十冶深植淮海经济区打下了坚实基础。

再展"诚信铁军"的风采

上海二十冶　吕景瑞

山西是一个人杰地灵的地方，明清时期晋商发展鼎盛，晋商中的票号更是以诚信闻名华夏大地，到如今也还被人津津乐道。

2018 年，上海二十冶承建了山西晋南钢铁集团有限公司产能置换升级改造项目炼钢连铸系统工程（简称晋南项目）。其实，上海二十冶和山西这片热土还有着说不完的故事，山西可以说是上海二十冶的故乡。随着国家改革步伐的推进，他们虽然离开了山西，但血脉中依然保留着"诚信"的企业文化，也希望用诚信铸就的品牌再展诚信"铁军"的风采。

晋南项目连铸系统

他们深知，合同是诚信的标尺。合同就是约定，开弓没有回头箭。工程工期紧、任务重，为确保按期实现质量目标，项目部成立"党员先锋岗""青年突击队"，他们冲锋在前，战暴雨、斗酷暑，带领所有参建人员奋勇拼搏。在建设工期最紧张的时候，项目副经理吕景瑞带领项目所有人员，白天投入到材料物资、研究方案、分配任务、联系设备和人员的忙碌工作中；夜晚则挑灯夜战，清理木方、模板、钢管等，这样的状态持续有半个月之久。

　　在忙碌的工作中，有一个瘦弱的年轻人的身影格外引人注目，他就是刚来项目半年的"90后"小伙儿李斌。晋南大地的3月春寒料峭，夜间温度只有2～3摄氏度，他只穿一件薄薄的夏季工装工作。老同志看到后心疼地说："小伙子，快去加一件衣服，太凉了。"只见他擦了擦额头上的汗，说道："干起来，热得不行。"

　　项目部所有员工一天平均只睡五个多小时，虽然很辛苦，但是没有任何人抱怨。记得有一天凌晨1点，所有人都已入睡，项目部突然接到业主的紧急任务，希望第二天早上能够完成全场绿网铺设。业主的需求就是我们服务的出发点，项目部所有管理人员立即穿好衣服，在吕景瑞的带领下奔赴现场，顶着黑夜与寒风大干两个多小时，最后圆满完成任务。这时已是凌晨3点，忙碌的兴奋早已驱散了倦意，四周的寂静，让这群人显得那样的高大，就连天上的星星看到他们也不知躲到哪里去了。这时，不知谁喊了一声："天都快亮了，咱们撸起袖子继续干吧！"

　　"好！"人群中响起了一片回应声。

　　2019年7月25日，一流、二流……十一流、十二流，当12根火红的钢坯相继奔涌而出时，现场参加热试的人员欢呼雀跃，晋南项目2号方坯连铸机热负荷试车圆满成功。

　　因项目按时、保质、保量竣工投入生产，再次展现了"诚信铁军"的风采，也赢得了业主的信任。随后，业主又将山西晋南检化验系统工程、山西晋南钢铁集团有限公司产能置换升级改造项目（延长厂房）工程交由上海二十冶建设。

工人在旋流池底绑钢筋

　　2019 年 10 月 1 日，上海二十冶收到了来自业主单位的表扬信，信中满载着"诚信铁军"四个大字。回首这 200 多天的日夜，不管是风寒料峭，还是冰天雪地，晋南项目均以过硬的质量，优质的服务和诚信的品质，创造了一个又一个奇迹，书写了一段又一段"诚信铁军"的故事。

同舟共济，逆行守诺的冶建人

上海二十冶　王嘉怡

2020年初春的武汉，天气有些寒冷，加上新冠肺炎疫情影响，整座城市异常寂静。冷清的不仅是城市的街道，就连昔日轰鸣的工地也安静了下来。

春节前夕，武钢炼铁厂运二A区料场环保改造工程项目（简称C3项目）已完成96%的工作量，只等节后冲刺一把就能按照原计划，即3月30日完成热负荷试车，但突如其来的疫情打乱了施工进度。

年轻的项目经理黄金星心急如焚，"假期前，我们做好了充分的节后复工准备，确保3月30日能够完成热负荷试车。但谁也没想到会发生这样的事。"

不仅是因为疫情受困，黄金星因为跟确诊新冠的患者曾出现在同一个超市而被隔离检测，他内心十分忧虑。一边是着急按计划推进施工，一边是疫情的紧迫压力。黄金星密切关注疫情，并向业主保证，一旦疫情有了转机，立刻带队返汉施工。

大年初十，因疫情形势严峻，业主武钢有限公司发布了推迟复工的通知。黄金星虽然不能立刻返回工地，但还是远程组织项目部班子成员，用微信视频的形式召开了简短的专题工作会，安排部署复工复产的准备工作。"要让业主放心，知道我们在行动，看到我们言出必行，在积极为复工返汉做准备。"公司党委书记荆优荣是一名老党员，曾经历"非典"疫情，对突发性公共卫生事件有丰富的应对经验。春节期间，他第一时间联系采购防疫物资，为后来项目顺利实现复工复产提供了坚实的物资保障。

经过一个多月的居家工作，黄金星的团队终于等来了武钢有限公司发来的可以返汉的通知。2020年3月15日，C3项目第一批返汉人员在党旗前庄严宣誓，表达了他们听从组织召唤、身先士卒、奋勇向前的坚定决心。

经过材料准备、厂证办理和居住地隔离后，3月23日他们进入了阔别已久的现场临时办公室，第一件事就是对临时办公区域、施工现场及施工机械进行消毒杀菌。

众人对复工信心满满，然而另一个难题不期而至。湖北省尤其是武汉市受新冠肺炎疫情影响严重，小区封闭、交通管制，作业人员无法返岗。没有工人，怎么开工？

武钢项目部现场集结消杀

项目部快速行动起来，与青山区疫情防控指挥部及当地社区联系，请求帮忙寻找在鄂在汉工人的分包资源，又赶紧联系非疫情重灾区的工人办理返岗相关手续。黄金星等人"一天也不耽误，一天也不懈怠"，3月28日，通过首批点对点接送方式迎来了40名土建施工人员，并引导他们入住当地社区进行隔离观察。翌日，项目部对首批返汉施工人员进行复工前疫情防控教育及复工安全教育。经过周密细致的复工前期工作准备，项目正式复工。

　　辛勤的付出最终换来了丰硕的成果。虽然受到疫情影响，但黄金星团队奋力拼抢工期，将损失尽可能地降到最低。4月28日，公司收到武钢有限公司投资管理部的感谢信，对C3项目部在疫情期间响应号召第一时间返汉复工表示感谢，盛赞C3项目团队是"武汉和武钢全面复苏的建设逆行者"。5月14日，武钢有限公司投资管理部下发《关于2019年度施工企业评审结果的通知》，中国二十冶以超出第二名5.21分的明显优势在23家参建施工总承包企业中脱颖而出，再次荣登榜首，获评武钢有限公司优秀供应商。

　　"人无信不立，业无信不兴。"面对严峻的疫情形势，中国二十冶一方面快速落实疫情防控措施，有力有序组织复工复产；另一方面坚决抓好项目安全质量管理，管理过硬、业务至上。二十冶人在困难时期讲诚信、守信誉，与武钢有限公司携手共克时艰，充分展示了央企力量、央企精神、央企效率，赢得了武钢有限公司的高度赞扬，增进了彼此间的友谊，开创了双方合作的崭新局面。

诚信引领未来

海外公司 黄 敏

鲁迅先生曾说过：伟大人格的素质，重要的是一个诚字。由人到企业，想要做得好、站得高，都离不开一个"诚"字。唯有诚信，才能令职工、令客户、令合作伙伴放心，才能把事情做得踏踏实实，规规整整、圆圆满满。中国二十冶经过多年的奋斗，发展成为拥有多项工程施工总承包特级资质、行业甲级设计资质的现代化集团公司，绝对离不开"诚信为本"的市场经营理念和"选择二十冶就是选择放心"的责任理念。

2021年2月，中国二十冶海外公司印尼 RKEF 一期项目干燥窑 A 墩超厚混凝土顶板浇筑成功。此前，由于干燥窑 A 墩混凝土顶板超厚、超高、体积大的特性，施工难以采用模架支撑体系。但为了保证现场进度，维护中国二十冶的诚信形象，确保让业主放心，项目部工程技术人员成立了攻坚科研小组，经过无数次的模拟计算，从对材料的选择、对时间的控制、对各种方案的比选……进行了多方位的充分研究和论证，终于找到了安全的解决方案！项目部以诚信为本，攻坚克难，实现了对业主的承诺，树立了中国二十冶良好的品牌形象，为增强企业品牌的影响力，增加中国二十冶海外新能源项目的市场份额做出了贡献，为未来中国二十冶海外建筑市场的更好发展创造了无限可能。

今年开年，海外公司越南禄宁光伏项目收到了业主的感谢信。信中特别提到项目部为了不耽误工期，保证工程建设所做出的努力。"面对肆虐全球的新冠疫情、贯穿整个施工期的雨季、全球海运紊乱的影响等诸多困难，贵司的越南公司团队、项目团队充分发挥属地化优势，服从

感 谢 信

中国二十冶集团有限公司

二十冶越南工程建设有限责任公司

越南禄宁550MWp光伏电站，作为我司海外重点EPC项目之一，也是东南亚单体最大的光伏项目，于2020年12月26日顺利实现全容量商业运行，标志着该项目取得圆满成功。

贵司作为本项目的重要承建单位之一，负责550MWp升压站土建、350MWp管桩供货、禄宁Ⅱ-200MWp光伏场区建安施工。面对肆虐全球的新冠疫情、贯穿整个施工期的雨季、全球海运紊乱的影响等诸多困难，贵司以杨超为首的越南公司团队、以李振龙为首的项目团队充分发挥属地化优势，服从大局，迎难而上，通过全员夜以继日、奋力拼抢的实际行动，在牢驻防疫堡垒的前提下，保质保量完成了建设任务，为本项目提前实现商业运营目标做出了突出贡献。我司特发此信以表感谢之意，同时也对贵司"选择二十冶就是选择放心"的责任理念表示赞赏。

希望贵司在贵我双方合作的其余项目上继续发扬"一天也不耽误，一天也不懈怠"的中冶精神。也期待贵我双方能够在未来更多的海外项目上携手合作。

中国电建集团中南勘测设计研究院有限公司

越南禄宁550MWp光伏总承包项目管理部

大局，迎难而上，通过全员夜以继日、全力拼抢的实际行动，在牢驻防疫堡垒的前提下，保质保量完成了建设任务，为本项目提前实现商业运营的目标做出了突出贡献。我司特发此信以表感谢之意，同时也对贵司'选择二十冶就是选择放心'的责任理念表示赞赏。"越南禄宁光伏项目部全体人员的努力得到了业主的赞赏，他们将诚信为本具象化，树牢了公司的诚信形象。

诚信是发自心底的对企业、对职工、对客户的责任和担当。无论是对外还是对内,都应该做到无愧于心。在项目监管过程中,海外公司要对每一个海外项目负责,全面了解项目的进度、遇到的难题、解决的方案等,这既是对业主的负责,也是对员工的保护。海外公司在对农民工工资结算问题上,也坚持做到诚信为本,杜绝违背诚信、损害农民工利益的情况发生。在开展农民工工作过程中,坚持做到对每一份合同、每一份承诺书、每一次考勤认真核实,做好对个人的保护和关爱。员工对企业忠诚,企业对社会诚信。海外公司以诚信担负起社会责任,为共创和谐社会添砖加瓦、共谱新篇章。

海外公司以"诚信为本"为经营理念,以"选择二十冶就是选择放心"为责任理念,大力推进精细化管理,坚持实施精品战略。近年来,海外公司先后创造出十五项"中国企业新纪录",还多次刷新世界同类工程施工最快速度、合同履约率始终保持百分之百的记录。诚信的精神不仅奠定了工作基础,也增强了我们对创造未来的强烈自信,激发我们对未来发展的进一步憧憬,指引我们今后工作与发展的方向。

孔子云:"言必行,行必果。"在今后的工作中,海外公司也必将坚定信心,继续努力,坚持诚信,努力发展。

放心赢得美誉赞

城建公司　徐德明　孟飞翔

云开看树色，江静听潮声。素有"江东名邑"之称的芜湖犹如皖江上一颗璀璨的明珠，誉满江淮大地。在这里，由中国二十冶承建的芜湖皖新春江明月三标段项目，接连荣获省、市级"质量、安全标准化示范工程项目"荣誉，上演了一场提升美誉度的"帽子戏法"，这其中的奥秘就是"放心"二字。

放心，擦亮金字招牌

2018 年 8 月 16 日，中国二十冶城建公司中标芜湖皖新春江明月三标段项目，这是公司正式落户安徽合肥后，在芜湖市场中标的第一个项目。市场大门已打开，如何在激烈的市场竞争中站稳脚跟？

"我们进入安徽市场晚，要想有所作为，必须把'放心'这块'金字招牌'擦得闪闪发亮，以现场赢市场。"城建公司党委书记、总经理李明给出了铿锵有力的回答。

项目开工伊始，就紧紧围绕"放心"二字制定了详细的质量管控计划，分解到施工、技术、质量、材料等岗位，从"源头"建立起全员质量意识。在施工过程中，严格推行"样板引路""工序交接""月度考评"等制度，成立从项目部到施工队再到班组的三级质量管理机构，配备专职质检员，形成了"金字塔式"的质量保证体系。由于过程质量管控严格，在业主组织的每月考评及省、市质监部门的历次检查中，工程的质量都获得了很高评价。

2019 年 11 月 15 日，项目部举办了"铸七十年辉煌·中冶人奋进在新时代"的企业开放日，政府监管部门、20 多家媒体和当地社区居民受邀走进项目施工现场，零距离参观施工过程、考察质量标准，大家一致为这样的"放心"工程点赞、叫好。

诚信，赢得优质口碑

坚持诚信，方能赢得好口碑。项目部多次收到政府监管部门和业主单位的表扬信，诸多荣誉加身，这是项目部恪守诚信最有力的见证。

工程干到哪里，就把信誉和品牌带到哪里。企业的诚信来自方方面面，严格遵守合同、保质保量完成工程、按月足额发放工人工资等，均是中国二十冶恪守诚信的体现。

2019 年 11 月 21 日上午，项目部成功举办安徽省保障农民工工资标准化建设现场观摩会，省、市领导和其他地市人社部门负责人对项目部实行的农民工实名制管理、银行代发工资管理、农民工工资保证金等保障农民工权益的一系列标准化、规范化体系，给予了高度评价。

2020 年，注定是不平凡的一年。新冠疫情打乱了项目建设的推进计划，为确保项目按期交付，项目管理团队积极主动作为，齐心协力做好疫情防控工作，分头联系施工人员返岗，多渠道协调物资材料进场。正式复工后，对照"任务书""时间表"，倒排工期、顺排工序、节点管理，在保证工程质量和安全的同时，确保每个作业面"饱和式"施工，用敢打敢拼的过硬作风把因新冠疫情耽误的工期抢了回来。

7 月份进入主汛期，芜湖市暴雨连连，项目部一方面主动参加当地抗洪抢险任务，另一方面积极调整并优化施工工序，最大限度降低暴雨给项目工期带来的影响。进入 10 月份，在项目部开展了"奋战 60 天、冲刺总目标、以实干落实国庆会议精神"的劳动竞赛活动，全体员工"披星戴月"地施工，让项目面貌"日新月异"，为如期履约打下了坚实基础。

目前，该项目已有四栋楼宇顺利完成竣工验收，余下七栋已具备竣工验收条件，预计 2021 年 8 月完成竣工验收。

责任，彰显央企担当

2020 年，项目部接连收到芜湖市住建局的两封表扬信，在表扬信的背后，不仅凝聚着项目部践行社会责任的初心和使命，更反映了当地政府和群众对中国二十冶的放心和认可。

皖新春江明月项目部火速驰援抗洪抢险现场

2020 年是脱贫攻坚决战决胜之年，项目部先后两次主动参加芜湖市住建局组织的危房改造排查工作。由于村民居住偏远且分散，道路崎岖不平，车辆无法通行，项目部两名技术骨干在村支书的帮助下，挨家挨户与老乡亲切交谈、全方位检测取证、查看房屋资料等，为每户建立一份详细的排查档案。两次排查历时 8 天，徒步 160 多公里，总计排查建档 278 户，提出合理化建议 30 多条，为后期危房改造提供了放心的技术支持。

正如表扬信中所说："作风过硬，技术专业，工作细致，中国二十冶是一家值得信赖的放心央企。"

在芜湖遭遇百年一遇的特大洪灾时，项目部闻讯而动，携带防汛器材火速赶赴防汛现场，第一时间投入到抗洪战斗任务中。暴雨持续一个多月，项目部先后 5 次参战，投入 158 人次，持续时长 35 个小时，共计完成 8 000 余袋土石料的装运回填，用实际行动为芜湖市民筑起一道坚不可摧的安全防线。

"选择二十冶就是选择放心"，"放心"不仅仅体现在工程建设上，还体现在有中国二十冶的地方就多一份"放心"的担当中。

"放心"二字凝聚着二十冶人近半个世纪的匠心铸就和忠诚坚守。城建公司落户安徽，主动参与安徽省经济社会建设，让"放心"这块"金字招牌"在江淮大地上闪耀着更加璀璨的光芒。

小角色也有大担当

北方公司　黄　蕾

　　"选择二十冶就是选择放心"的责任理念标语悬挂在中国二十冶的每个项目工地上，更是深深烙印在每个二十冶人的心中。

　　在中国二十冶众多成功的项目中，有这样一个"飞速晋升"的项目部，他们从一个没有干过铁矿采选工程的项目部，到从太钢岚县袁家村铁矿工地近30家专业施工单位中脱颖而出，从最初两个项目拓展到九个项目，从工程量最小的主体施工单位做到了现在的工程量第一的施工单位。是何种能力，让中国二十冶太钢项目创造了这种奇迹？听了太钢岚县袁家村铁矿项目（简称袁家村项目）的故事后，我相信"诚信"是唯一的答案——无论遇到任何艰难险阻，二十冶人都坚定不移地履约、保进度、保质量。

艰苦的条件，坚强的二十冶人

　　袁家村项目主要包括采矿、选矿、尾矿、供水、供电、热电联产、精矿后处理过滤、精矿库、球团锅炉房和储运等工程。中国二十冶在其中承担的项目最多、最杂、最散，战线绵延五六十公里，从袁家村铁矿项目到普明球团及储运项目要翻越一座山，周边人烟稀少，物资匮乏，项目部只好住在自建的混凝土板房里，冬天冷、夏天热，用水要靠车拉，停电是常态。

　　袁家村项目在晋西北高原之上，山里进入深秋和冬季后，气温骤降。而中国二十冶的工地又处在风口，北风萧萧，雪花飘飘，最冷时温度达到零下三十几摄氏度，体感温度更低，塔吊等机械设备因为寒冷经

常无法正常使用。为了保证每周的节点计划顺利进行，施工人员就亲自上阵，靠人拉肩扛保进度，一天下来即使隔着厚厚的棉衣，肩膀的压痕也清晰可见。虽然大家每天浑身酸痛，但是却没有一个人请假退缩。

只要思想不滑坡，办法总比困难多

"只要思想不滑坡，办法总比困难多！"这是时任中国二十冶总经理张孟星经常挂在嘴边的一句话，用在中国二十冶袁家村项目工地实在是再恰当不过了。

2010 年 9 月 7 日，中国二十冶承担的原矿堆场项目开工，当时正赶上多年不遇的连绵阴雨天，土方施工难以进行。工期就是命令！为了创造条件尽快进行土方施工，项目部全体员工冒雨昼夜不停地进行排水工作，一脚泥、一身水，大家却浑然不觉。排水过后开始用碎石铺路，要使用移动破碎站设备，该设备最大的破碎机椎体重达 60 多吨，山顶场地狭小，上山的路又都是满地黄泥，运输和安装过程极为困难，有时要靠推土机顶着板车往上送材料。即使是这样艰苦的条件，也没能阻止二十冶人推动工期进度，土方开挖工作如期进行。

中国二十冶进场时没水、没电、没路，图纸滞后。为了保证土建施工按期进行，没有电就自费买来发电机发电，没有水就用车从几十里外拉水。困难虽然一个接一个，但中国二十冶团队见招拆招，任何困难都没有延误工期。

一切为了业主着想，一切为了诚信履约

移动破碎站设备由德国蒂芬克虏伯提供，安装精度要求很高，焊缝需要100%探伤，项目部为了确保施工质量，自己出经费，以每天360元的工资聘请高级焊工，采用药芯焊丝，保证了探伤一次合格，得到了德国设备厂家的认可。

贮矿场工程是中国二十冶承建的袁家村项目的第一个主体项目，也是中国二十冶旗开得胜赢得信誉的第一个重要项目。贮矿场厂房和通廊为高空大跨度钢结构，安装高度最高42米，单件重140吨，跨度56米，通廊高8米。钢结构厂房和通廊的吊装是整个施工的重点、难点和危险点，按照设计和惯例，至少需要两台300吨以上的大吊车，测算费用需要30万元。30万元在十几年前可不是一笔小数目，特别是对于低价中标的中国二十冶无异是个挑战。项目经理刘宝山和总工程师郭华新集思广益，组织员工反复研讨、科学测算，最终用一台160吨和一台130吨吊车抬吊的方式完成了任务，费用只花了12万元，创造了小吨位吊车吊装大构件的新工艺。"一切为了业主着想，一切为了诚信履约"，这就是二十冶人的理念。

在中国二十冶袁家村项目流行着一句话："造价不高质量高。"为了这个信念，项目部购置了全套的质量安全检测工器具，管理人员全部持证上岗，把好关口。从源头把控，严把质量关，坚持不合格品一律退货，在那个没有集中采购的年代里，自采材料坚持货比三家，钢筋配

料，统一料表，每道工序施工前都要进行严格的技术交底，施工中严格按照规范进行操作，关键工序和部位设置质量控制点，技术和质检人员进行旁站监督，做到"自检不合格不找质检员，专检不合格不找监理"。

"选择二十冶就是选择放心"的真谛

一分耕耘，一分收获。在太钢集团岚县矿业公司，中国二十冶做的第一个项目是袁家村项目贮矿场和移动破碎站安装工程，合同造价6 664万元，中国二十冶以诚信创品牌，以现场赢市场，凭着肯吃苦的劲头、打胜仗的决心，后续相继中标了多个项目，合同额滚动发展到三亿元。

业主为何对中国二十冶如此厚爱和放心？时任太钢岚县矿业公司副总经理的王钢平给出了答案：任何急、难、险、重的任务，只要中国二十冶出手，都能无条件地完成，我们从与他们的合作中真真切切地感受到了"选择二十冶就是选择放心"的真谛。

广西巴马的"雷神山"医院

上海二十冶　杨　前

自中国二十冶高效完成巴马几个基建工程，特别是在圆满完成巴马60 周年县庆建设任务后，中国二十冶便成了"巴马速度"的代名词。

2020 年 6 月，为进一步做好疫情防控工作，巴马瑶族自治县县委县政府决定以最快速度推进巴马镇卫生院、巴马县妇幼保健院（即巴马医院项目）建设，巴马县委县政府又将目光投向了中国二十冶。

6 月 5 日下午，巴马县易地扶贫搬迁点补短板配套教育医疗设施项目建设指挥部在中国二十冶巴马医院项目部挂牌，河池市委，巴马县委、县政府有关部门多次与分公司领导及业务骨干前往现场开展工程项目协调、推进工作。

项目经理宋永富在接到医院建设任务后，第一时间召集项目团队进行工作部署，积极调配资源，连夜进行基础施工。巴马医院建设现场，灯火通明，中冶人的荧光绿马甲随处可见。

清晨，宋永富的身影早早出现在工地，问题最多难度最大的地方少不了他的声音；中午，建设者们抓紧施工间隙午休，他戴着红色安全帽往来穿梭，俨然一面令人安心的流动红旗；夜晚，施工现场灯火通明，工人们加班加点，现场临时会议室内，宋永富既要组织设计和技术员优化方案，还要与供应商协调材料进场计划。

时间不等人，疫情防控，更要争分夺秒。为了抢抓宝贵工期，迅速完成地貌改造，加快材料机械进场，宋永富、李永保、朴庆新等管理骨干，在项目现场尚未完成三通一平、没有临时设施的艰苦条件下，率先进入一线，开荒破土。

"永保，怎么施工队伍还没有到齐？""小朴，混凝土抓紧一点，我们没有多少时间了。"宋永富手里拿着图纸在项目各个角落来回穿梭。

"宋经理，我们这个速度恐怕一个月达不到预期建设目标。怎么办？"项目总工程师李永保心急如焚。"把分包的负责人都找来，就现在！"此时正值中午，太阳已将宋永富的脸晒得通红。

项目管理人员与分包负责人坐在会议室中，却无人说话。

"你们都不说话，那我就说了。你们看到墙上的进度表了吗？人也不来，材料也不来，拿什么去建楼？"宋永富率先发话了。

"宋经理，是这样的。"分包商老李刚开口就被宋永富顶了回去。

"你们谁也别说理由，谁没有困难？有困难那就想办法，白天干不完，那就晚上接着干。到时不能按期完成任务，砸了辛辛苦苦树起来的招牌，我看你们还找什么理由！散会！"宋永富拿起笔记本气冲冲地走出了会议室。

宋永富对"人材机"紧追不舍，终于，材料和人力资源渐渐到位。

巴马镇卫生院建设图

巴马镇卫生院项目建设地址原来是一座高约 40 米的土山,项目在短短 10 天内完成了土石方以及区域内的三通一平工作,从空中俯瞰,项目工地已经大变样,医院主体建筑以肉眼可见的速度拔地而起。

"老李,这速度可以嘛,要是哪天开会话说重了,你可别介意啊。"宋永富拍了拍分包负责人老李的肩膀。

宋永富作为一名老党员,在项目动员会上对团队说道:"我们要以武汉'火神山''雷神山'的建设者为榜样,发扬我们中冶人的精神,我们现在建设的就是巴马的'雷神山'医院!"

一次次攻坚克难,一次次按质履约,担好属于企业的那一份责任和使命,正是对"诚信为本"的经营理念的最好诠释。

铸 鼎

安装公司　沈月红

　　我们公司院里有一尊鼎，四四方方，威严挺拔，稳稳地立在公司进门处正中央的广场上。她历经了岁月的洗礼，已经由原来的古铜色变成了如今的青灰色，然而她身上所特有的品质和意义却随着岁月的流逝愈加突出不凡，那是我们每一位员工在工程项目中"追求卓越，至诚至信"的工作理念赋予她的精神光芒，是中国二十冶"求实守信，开拓创新"的精神象征。

　　晨雾中，我会凝神望向她，她温婉厚重，给人信任；夕阳里，我再见她犹如披着铠甲的女将军，守卫在这里，让人感到无比的踏实。她的名字叫作"大诚鼎"，2005 年 3 月制作完成，净高 3.2 米、长 2.5 米、宽 1.9 米。她在光影交错、岁月更迭中始终以同一种姿态告诉我们：一言九鼎，是为诚信。

　　每当我望着"大诚鼎"的时候，就会想起很多人、很多事。他们仿佛就在眼前，他们在平凡的工作岗位上，用他们的实际行动铸就企业信誉之鼎，他们或许是小王、小张、小李……是我们身边的某一位同事，也或许是某个项目上擦肩而过的电工、管道工、工程师……每一位愿意为企业前进而奋斗，用高质量的工作铸鼎的员工。

　　思绪飞回 2008 年的冬天，那年有幸参加了宝钢五冷轧带钢工程（一期）项目的建设。当时我是一名电气调试工程师，身边有许多技术人员，他们以高超的技术、强烈的责任心、认真的工作态度、奋发有为的进取心全力以赴推进施工进度，践行着"选择二十冶就是选择放心"的责任理念。

酸洗连轧机组生产线调试班班长沙德敏，每天都会第一个到达现场，在乳化液间、油库、五机架、换辊小车等区域巡视，查看工作进度。他话不多，但做起事来踏实严谨、勤奋好学、责任心强。2007年被评为"上海市青年劳动模范"，2008年又被评为电装公司"优秀共产党员"。

在调试作业中，沙德敏会根据每个人的技术特点安排工作。对于调试新人，他总会亲力亲为带领大家熟悉现场，了解生产线工艺，根据轧线工艺流程结合图纸查找末端电气设备和传感器，并讲授相关电气调试技术知识。

工作中的困难总是会不期而至，在酸洗连轧机组液压站施工中，PLC总是读取不了液压管道流量检测的4—20毫安模拟量信号。经过仔细核查，沙德敏发现图纸设计与实际不符，图纸原设计是四线制的仪表，PLC选用的模块也是四线制，但现场实际用的却是二线制的仪表，这就导致了PLC模块无法读取数值。怎么办？等设计院变更，等重新供货？对于2月初的联动试车节点，时间明显来不及了。他围着设备，根据以往的调试经验和特有的耐心，精心细致地观察着。终于，一个大胆的想法跃上心头：是否可以把PLC模块上的接口板功能转换装置调成与图纸一致的四线制？经过反复思索、实践后，想法终于变成了现实，设置好的模块正确读取了流量数据，为保住联动试车的后墙赢得了宝贵时间。

沙德敏常说："公司把任务交给了我们，在这里我们代表的不是自己，而是电装公司和中国二十冶。我们的工作是冷负荷试车的最后一道工序，无论前期工作是如何'千军万马'，都需要我们全力以赴地保住'后墙不倒'。只有这样才能让我们的企业放心，业主放心。"

五冷轧的"李姐"——大家都这样热情地称呼她，有着丰富的调试经验，技术高超。有时在处理问题故障时，只要看一眼传感器的信号灯明暗程度，就可以判定是哪里出了问题。只要按照她说的调换两根电线，不用浪费人员校线，也不需要万用表就可以解决问题。

五冷轧一常化酸洗工程

　　李姐不但技术好，对待工作也格外认真。有一次校对线路的时候，她发现导线回路虽是正确的，但是线芯没有按照图纸要求一一对应地正确连接。她就找来接线班长，要求他们将电缆导线按照图纸要求的线芯号重新正确连接。

　　接线班长说："线接对了就好了，线芯号没有正确连接有啥关系呢？又不耽误送电、对接口、试车，况且宝钢的点检也不会趴到导线上去看。"

　　"你这样说就不对了，现在线路是对的，什么都不耽误。可是交付给宝钢之后，进入正常维护阶段，点检起来就会有隐患。如果线路出问题或是突发情况导致导线从端子上断开，他们会按照接线原理图把导线恢复到相应的接线端子上去。由于我们今天工作的一点儿含糊，一点儿得过且过，导致图纸和实际不符，一旦设备重新运行起来，该动的没动，不该动的动了，那多么危险啊！"李姐语重心长地说："我们代表的不仅是我们自己，更是中国二十冶，要让宝钢放心把项目交给我们，靠的就是工作中的实事求是。"

"佩服佩服，你说得对！李姐，我们这就拿工具过来改线，改好麻烦你再检查一遍。"

"没问题！咱们一起配合着干。"李姐高兴地说。

这就是诚信的魅力，在一点一滴的工作中，在每一个平凡的岗位上，最终汇聚成河成海，成为一种力量。众人拾柴火焰高，我们每个人都是企业诚信道路上的铸鼎者，用我们的勤劳认真、刻苦钻研、无私奉献，铸就企业的未来之路。

2008年的冬天，我国南方地区出现了大面积的持续冰雪天气，上海地面积雪也达到了3～4厘米厚。在这样的冰雪天气里，在厂房还未封闭的常化酸洗酸坑区域里，我看见一群年轻的技术人员，他们的手已经冻得通红，他们的神情却是坚毅的，他们在为2月份的电机单转查验电气线路。风从敞开的厂房外吹进来，酸坑下面气温低于地面，只有零下三四摄氏度。年轻人中有一位叫小牛的技术员，他蹲在风口处的电机前面，一手拿着图纸，一手拿着校验器，脚边放着对讲机，小牛按照对讲机里的指令工作着。有时，对讲机是安静的，但小牛还是保持同样的姿势等在那里，似乎忘记了寒冷。一阵风吹过来，他的手微微颤抖。是的，寒冷不会绕开任何人，但也无法让任何有信念的人屈服，因为年轻人的心中有一团火，他在工作中曾看见如沙德敏、李姐那样的领航人，他愿意如他们一样，在奋斗中燃烧自己的青春，总有一天也会成为一束光，照亮后来的年轻人。是的，他相信他会成为他们，他相信"选择二十冶就是选择放心"！

用诚信守住口碑

上海二十冶　杨　春　陈娇娇

"诚信者，天下之结也"，意为诚信的人，天下的人都愿意结交。对人如此，对企业亦如此。

2019 年初夏，中国二十冶中标盐城体育公园项目。这是盐城市盐都区第一个 EPC 总承包项目，也是苏北区域最大的运动主题公园项目，公园总占地面积约 620 000 平方米，是一座展现城市魅力的地标性建筑。作为这项民生工程的承建单位，项目的质量、安全、进度，不仅是

盐龙体育公园项目

我们对业主的承诺，也是对当地百姓的承诺。

岁末年初，正当项目如火如荼进入施工大干的关键时期，2020 年的新年钟声仿佛一个"暂停键"，打乱了所有节奏，在充满着各种不确定的日子里，盐龙体育公园项目打响了一场为"承诺"而战的防疫复工阻击战。

招兵买马，破解疫情"用工荒"

2020 年 2 月，盐龙体育公园项目上的大批外地劳务人员因疫情影响无法及时到岗，这让原本就工期紧张的项目部更是"雪上加霜"，项目部联合当地街道、社区建立合作，推出以"抗疫情　促复产　稳就业"为主题的劳务招工板块，开展"劳务用工定制化洽谈、属地化招聘"的线上劳务用工招聘活动。在街道及相关部门、疫情防疫防控网格化管理人员帮助下，不到一个月就在盐城当地招收到绿化施工人员、钢筋工、模板工等技术人员 540 多人，不仅满足了项目建设需要，也缓解了当地劳务人员由于疫情不能外出务工的问题。此外，项目部加派四辆大巴车还从安徽安庆、山东济宁专车接回第一批工人，带着绿色健康码的 82 人安全重返项目。

2020 年 3 月 12 日，国务院国资委党委印发《关于新冠肺炎疫情防控期间扎实做好稳岗扩就业工作的紧急通知》，要求中央企业大力推动稳岗扩就业工作，盐龙体育公园项目通过各种稳岗扩就业措施，3 月中旬，现场施工人员已达 750 人左右，较年前施工高峰期人员还有所增加。中国二十冶的主动作为得到业主及政府相关部门的肯定，为项目兑现承诺打下了坚实基础。

争分夺秒，干出项目"加速度"

面对 2020 年 10 月的开园节点，项目部倒排工期，制定了为期 90 天的进度计划表，细化到各施工专业、班组的每日工作量。项目现场编织横纵监控管理网点，采取"三维建模，工厂整体制作，构件分段、分

盐龙体育公园项目施工现场

单元运输，现场地面拼装、焊接，高空安装"方法；派遣专业人员驻厂检测，将安装误差控制在加工制作阶段；施工过程中严把质量关，明确质量责任制，注重"三检"制度落实，从而保证钢结构工程质量；实行区域动态管理，加快工程进度。每天现场实际工作量由技术总工程师向甲方及监理汇报，现场存在的技术变更、工程量加签、检查验收等能够及时会签处理。分派一名专职人员对会签处理结果进行汇总，及时跟进，多方联系，把工程相应流程、文字、影像资料整理完备。

面对紧张复杂的进度计划，项目部结合施工任务、环境因素等情况，抓实抓细安全管理。每天早晨6点，项目安全经理带领两名安全员及各专业分包安全员到场对施工队伍进行安全教育，对特种作业人员防护措施进行检查，时刻坚守高危现场，有重点、分阶段组织安全大检查，发现问题及时告知危害，下发整改通知单并提出整改意见，利用微信等信息化手段把图片及视频发到项目部工作群，将安全隐患消灭在萌芽状态。

乘风破浪，不负众望显实力

一套争分夺秒的"组合拳"计划，历经 90 天，项目部不负众望，兑现承诺，如期完成甲方及相关政府部门要求对应的施工节点，展现了央企的责任担当。

2020 年 7 月底，场馆结构主体完工，园林绿化完成，达成初步开放公园的目的，让公园初露真容。

2020 年 8 月 8 日，公园部分运动场地对社会开放，推动全民健身运动深入开展，促进全民健身与全民健康深度融合，极大提升"乐动万家　健美盐都"群众体育品牌的知名度和影响力。

2020 年 9 月 28 日，盐都区区委副书记、区长王娟主持开园仪式，江苏省体育局副局长刘彤、盐城市副市长费坚、区人大常委会主任顾其斌等领导出席。随着盐龙体育公园的顺利开园，2020 年江苏省大学生马拉松联赛（盐城站）也正式在园内拉开帷幕。盐龙体育公园的正式开园不仅为当地民众提供了更加优雅的健身场所，也使得当地百姓的健身意识和参与度空前高涨。

在项目建设期间，盐龙体育公园项目始终秉持"诚信为本"的市场经营理念，严格遵守合同条款、保质保量完成工程、依法上缴利税、如期发放工人工资，在投身地方建设的同时，坚持做有温度的工程。2020 年，盐龙体育公园项目荣获上海市建设工程金属结构"金钢奖"以及"江苏省建筑施工标准化星级工地"的称号，这都是对项目极大的肯定。未来，中国二十冶将继续不忘初心、忠诚担当，用实际行动践行"一天也不耽误，一天也不懈怠"的中冶精神，用精品工程兑现"选择二十冶就是选择放心"的承诺！

诚信文化聚合力　再谱发展新篇章

工业公司　李　静

走进中国二十冶机关大院，首先映入眼帘的是矗立在大院中间的青铜铸造的"大诚鼎"，中国二十冶党委书记、董事长樊金田在会议中多次强调："企业的长远发展离不开'诚信'二字，必须大兴'实干之风、契约之风、诚信之风、学习之风'。"自1978年为宝钢建设打下标志性的第一根桩基以来，中国二十冶走过了40余载峥嵘岁月，正是对诚信的那份执着与坚守，公司才能不断发展壮大，成为中冶集团打造国际一流的"冶金建设国家队"的主力军，享有"轧机之秀"的美誉。

百强班组　诚信铸魂

李健班组曾被评为2016年度五矿集团"百强班组"综合班，目前负责宝钢德盛1780毫米热轧工程精轧区域所有设备的安装。工作20年来，李健参与建设了20多个重大冶金工程项目，代表公司参加了国家二类竞赛——中冶集团第五届职工技能竞赛"中国二十冶杯"管工技能竞赛，并获得个人第一名及团体第一名的骄人成绩，陆续被授予"全国技术能手""上海市青年岗位能手""中冶集团先进工作者"和"中国二十冶集团有限公司劳动模范"等荣誉称号。

"诚信是无价的、珍贵的，无论遇到什么样的困境，我们都要坚守诚信底线，这样我们班组才能走得更稳、走得更远。"这是李健常挂在嘴边的一句话。

刚刚结束的河北1450毫米冷轧项目，让人记忆犹新的是当时正值严冬，工地气温已近冰点。面对恶劣天气的严峻考验，为了抢抓时间，

李健在技能竞赛现场操作

在冬休前尽量多地完成施工任务，确保与业主约定的关键时间节点，他们坚持每天7点半到达现场，开展不间断施工。他们施工的酸轧轧机区域设备及机体管道安装、F1-F5轧机机架及附件安装、轧机传动区域设备安装以及轧机机体管安装等，每项都是轧线的核心区域，施工质量来不得半点儿马虎，工期节点容不得半点儿拖延。他们发扬"一天也不耽误，一天也不懈怠"的中冶精神，克服严寒、施工条件恶劣、工期紧等不利因素，在现场持续掀起大干高潮，践行"冶金建设国家队"的央企责任与担当，顺利完成施工节点。

疫情之下　诚信立身

"选择二十冶就是选择放心"，这是中国二十冶诚信的新标高，是中国二十冶打造企业品牌的新跨越——不只是说到做到，还要做好做精。

陶荣江是宝钢湛江三高炉系统1780毫米热轧项目的副经理，从他成为公司的一员后，就将"选择二十冶就是选择放心"的责任理念落到实处。

2020 年新年伊始，突如其来的疫情挡住了人们出行的脚步，也打乱了中国二十冶工业公司宝钢湛江三高炉系统项目的工程进度。受疫情影响，各地实行封锁政策，施工人员无法如期返回，返回的人员也要进行为期 14 天的医学隔离观察。这些因素加大了复工难度，项目迟迟无法全面复工，尤其是筒体高达 38.5 米，施工投入多、施工难度大的项目重点工程旋流池的工程节点迫在眉睫。

为克服施工人员短缺、施工难度大等困难，陶荣江一方面主动与分包单位沟通包车返工事宜，积极与政府部门联络对接，开通绿色通道，在解决了近百人的出行问题后，复工热情高涨起来，加快了复工进程；另一方面他时刻盯在施工现场，组织生产骨干加班加点，积极主动和业主、设计、监理人员沟通，加班加点坐镇指挥项目实施，连续数天加班到次日凌晨，确保项目施工落到实处。尽管如此，疲惫和辛劳并没有影响他的工作积极性，他始终以忘我的工作状态、以饱满的激情坚守在生产一线，践行着自己的初心使命。

3 月 29 日，宝钢湛江三高炉系统项目 1 780 毫米热轧沉井法施工旋流池下井成功，开启了旋流池沉井式施工新工艺，得到了业主、设计及监理单位的一致好评，并由衷地称赞："中国二十冶果然是值得信赖的'王牌军'。"

身不正，不足以服；言不诚，不足以动。时空变幻，二十冶人始终以诚信立身，创精品工程、铸永恒品牌。

诚信铺路　铸民生工程

深圳二十冶　吴雅伦

墨子云："言不信者，行不果。"意思是说话不讲信用的人，做事不会有成果。对人如此，对企业亦如此。自项目进场以来，中国二十冶宝龙项目部始终秉承"选择二十冶就是选择放心"的责任理念，坚持"诚信为本"的经营理念，狠抓安全文明施工，注重工程质量管理，用心铸造优质民生工程，以实际行动和工程实绩履约践诺，追求卓越、至诚至信，助力打造中国二十冶品牌形象。

宝龙之路，质量为根

严格管理，塑造优质民生工程一直是宝龙项目部所秉持的施工原

项目施工现场质量安全检查

则。项目涵盖了宝龙科技城核心 14 条主次干路的提升改造、两大主题公园及地标性宝龙文体中心等工程的建设。为保证质量，工程一开始，项目负责人吴金柱就带领项目职工，特别是现场施工技术人员认真学习工程施工规范，将工程施工规范熟记于心，严格按规范进行施工管理。在现场施工中，大到道路天桥主体钢箱梁构件，小到一块路面透水砖，都严格按技术要求，定期检验，发现问题立即整改，从材质入手抓好工程质量，确保质量百分百达标。

宝龙项目部始终将工程质量视为项目经营管理的生命线，对各项工作的第一要求始终是确保工程质量。"做工程首先是做人，一定要诚信，不诚信就是断自己的路、砸自己的脚。"项目负责人吴金柱经常对员工说："质量是关键，信誉是生命。"他平时在工地检查工作、查看工程进度和施工质量时，都会再三叮嘱员工在施工中严把质量关，不得有一丝马虎，要做到质量和信誉一样重要。在他的带领下，项目工程多次受到深圳市龙岗区建设工程质量红榜表彰。

文明施工，树立形象也是宝龙项目部长期确立的安全目标。项目全体管理人员始终秉承文明工地创建意识，制定严谨的文明施工方案，以安全生产为龙头，抓现场人员安全培训、现场料具清整及各项内业管理工作，消除各种安全事故隐患，确保每条道路工程达到深圳市文明工地标准，受到了中国二十冶、业主单位、合作单位的一致好评，先后获得了深圳市建设工程安全生产与文明施工优良工地、深圳市住房和建设局"亮剑行动"之"安全生产示范工地"、深圳市龙岗区"平安工地"、中国二十冶"十佳绿色施工工程"等荣誉。

战疫之路，行动为先

2020 年初正值疫情防控关键时期，宝龙项目部作为中国二十冶的一分子，切实履行央企责任与担当，在做好自身防疫工作、维护正常生产经营的同时，守土尽责，攻坚克难，尽己所能为深圳市龙岗区抗疫一线补充"弹药"，为打赢疫情防控阻击战提供后备支援。1 月底，接到

宝龙项目部为宝龙街道防疫指挥部搭建临时疫情检查口

疫情防控交通物资紧缺的消息后，项目部立即安排留守值班人员联合宝龙街道城建办为深圳龙岗服务区宝龙街道办事处防疫指挥部捐赠水马围挡、爆闪灯、交通指挥棒等交通警示物资；2月中旬，克服大雨、寒冷的恶劣天气，在防疫保护措施已充分达标的前提下，组织留守施工人员和安全管理人员在深汕高速公路卡点处高效、有序地搭建临时疫情检查口，为防疫指挥部的工作人员提供遮风挡雨的安全港湾；同时项目负责人携班子成员为防疫指挥部送去矿泉水、方便面等物资，为在寒风中坚持岗位的一线工作人员送去温暖。

"您好，请出示您的 i 深圳登记二维码。""您好，您还未做 i 深圳的出行登记，麻烦扫描此二维码进行信息登记，谢谢！""阿姨，麻烦稍等一下，这边需要给您进行体温测量。"在深圳龙岗区宝龙街道龙东社区上井疫情防控体温检测点现场，宝龙项目部党员、青年志愿者正有序地协助检测点的防疫工作人员进行来往车辆及行人的体温检测工作。项目党支部坚持"本地化、社区化、组织化、安全第一"的原则，积极开展"阻击疫情，志愿同行"的学雷锋活动，营造"疫情防控，人人有责"的战疫氛围，点燃了身边职工的"参战"热情，以实际行动为防疫工作注入温暖力量。

品牌之路，诚信为本

工程干到哪里，就把信誉和品牌带到哪里。企业的诚信体现在方方面面——严格遵守合同、保质保量完成工程、如期发放工人工资等。宝龙项目部正是秉承一颗诚实守信的心，担好属于企业的那一份责任和使命，负重前行，闯出一片新天地。自工程开展以来，项目部始终严格遵守合同约定，认真履行施工承包合同中约定的各项义务。在工期上决不拖延，在质量上决不马虎；科学合理安排管理人员和施工人员加班加点，抢时间、赶进度，确保工期如期完成。这些艰辛的付出使项目信誉

"阻击疫情，志愿同行"雷锋活动

度不断提升，多次收到业主及合作单位的来信来函表彰嘉奖。吴金柱常常告诫身边员工，"出来打工的都是为了生活，决不能拖欠农民工工资"，项目成立至今没有发生一起拖欠农民工工资事件。

诚信铸就经典，守信赢得赞誉。项目业绩的稳步提升，荣誉奖项持续增多……所有成绩的取得都离不开"选择二十冶就是选择放心"的责任理念，离不开"诚信为本"的经营理念，离不开宝龙项目管理团队脚踏实地的付出。天道酬勤、商道酬信，相信宝龙项目部在中国二十冶的带领下，将始终坚守"诚信之道"，以务实肯干的作风，开拓前行、诚信经营，铸就更加辉煌的明天。

以诚为本

上海二十冶　钟　梅　王　浩

诚信自古就是我们中华民族的传统美德，亦是我们每个人的为人之本。对于企业而言，只有诚信经营，满足客户需求，方能行稳致远。

中国二十冶有着浓厚的"沙钢情结"。26年的沙钢建设，印证了三代二十冶人进入沙钢、扎根沙钢、携手沙钢，同奋战、齐发展、共辉煌的风雨历程。当沙钢集团准备筹建自己首创——国内产能最大的钢渣处理线时，再一次将主体工程建设的重担交到了二十冶人手上。这无疑是对中国二十冶的高度信任。

突如其来的疫情，打乱了中国二十冶沙钢五干河项目部的整体部署，此时正是项目最后攻坚的关键时刻，沙钢集团业主希望这项自己首创的固废环保项目能够在3月底投产。

"疫情不是拖延工期的理由，我们不为困难找借口，一定要找到解决办法"，这是项目经理齐健在战疫"大考"中做出的坚定承诺。

为尽快追回因疫情影响的工期，2月6日，项目部发出了复工复产"集结令"。

2月12日，项目管理人员全部提前到岗，成立了疫情防控小组。小组进行"量身定制"的施工计划，即一手抓防疫，一手促生产的"双线战疫"。

为快速、有效地解决劳动力资源短缺难题，项目部通过"云"招聘方式，在张家港当地组织到88名作业人员。同时为帮助更多的工人快速返岗，项目部立即开启复工返岗"直通车"，开始从外省"点对点"包车接回务工人员。

项目厂房航拍

刚刚接回来的务工人员，社区不允许进入。正在项目部一筹莫展的时候，沙钢集团项目部人员得知了这一情况，主动帮助联系当地的冶金工业园，及时解决了工人的住宿问题。同时经沙钢集团项目部负责人出面与政府沟通协调，开启了复工人员进场手续办理的"一站式服务"，缩短了办事流程，提高了办证效率。

但员工要想入场，还有一个"关卡"要过。按照张家港市的规定，疫情期间所有返厂员工必须到当地医院进行体检，医院开具合格证明后才能进入厂区。项目部安排员工体检的医院，2月份发现了1例新冠肺炎确诊病例，关闭了体检科。张家港市医院本来就少，人员没有地方体检，就不能入厂复工。沙钢集团项目部负责人得知情况后，又马上协调沙钢卫生所，为项目作业人员进行体检，出具相关证明，解决了人员不能入场的最后一道难题。最终，在沙钢集团业主的积极协调下，仅10余天时间，复工人员已达到245人。

2月21日是苏州市住建局规定建筑行业可以复工的第一天，中国二十冶成为沙钢集团第一家复工单位。当天，沙钢集团常务副总经理马毅带队对沙钢五干河项目进行防疫复工检查时，对中国二十冶高效复工且与沙钢同舟共济、同心战疫的行为给予了高度赞扬。

工地上红、绿马甲开始穿梭在各层平台，复工后繁忙的施工场景，让因疫情焦急的沙钢集团业主吃下了一颗"定心丸"。项目最后调试保节点的关键阶段，沙钢集团固废办主任陈洪林每天和项目团队肩并肩一起奋战，遇到问题一起出谋划策，以最快速度打通每个"堵"点。

2月28日，设备单体调试进入最后决战。皮带机是由甲方分包，溜槽溜管由中国二十冶安装。由于两个单位交叉施工，同时抢工期，所以溜槽溜管的安装又成了大难题。

没有吊装机械场地，甚至无法成品安装，项目部只能将溜槽切割成几份，再一段一段地拼装。

第一天晚上10点，"今天筛分间倒运上去30个溜槽溜管，安装完3个，棒磨机的溜槽溜管倒运完成，安装了1个，尾渣库的溜槽溜管倒运60个，一个没有安装。"陈洪林看了看施工经理孙炳辉提供的数据，两人齐声说道："不理想啊！"

如果按这样的效率干下去，试车节点肯定保不住。他俩立马研究对策，反复探讨解决方案，不知不觉就讨论到了凌晨两点，好在终于找到了突破口。第二天一早，他俩来到工地，提出采用一种挂设在多吊点的H型钢下翼缘板上的滑动可调式夹具。通过夹具，溜槽溜管能够"随心所欲"地在平台下的狭小空间快速移动，实现高效就位的安装思路，现场应用后一举解决了溜槽溜管多吊点挂设和运送两个难题，实现了多专业同步穿插安装施工。

晚上9点，"今天安装了13个溜槽溜管，特别是安装难度最大的1号到2号振动筛下面的Y型溜管已经解体并倒运完成，准备对接！"他们看到了希望，真是工夫不负有心人啊！

最终，3月10日，比计划提前了整整一天，所有的溜槽溜管全部安装完毕。陈洪林和孙炳辉击掌庆祝，激动地说："这一仗，我们赢了！"

3月18日，在沙钢钢渣处理生产线内，61条皮带机同步运转，转炉、电炉钢渣从原料库一路畅行，历经1次棒磨、筛分，2次棒磨进入尾渣库的成品钢仓内，实现了热负荷试车一次成功，成为沙钢集团自疫情以来首个投产的项目。

中国二十冶再次创造了"冶金建设国家队"关键时刻"顶得住、技术硬、拼得赢"的建设奇迹。二十冶人按照国文清董事长"合理调配冶金建设梯队资源力量，确保重大项目高效履行"的指示精神，关键时刻迎难而上，和沙钢集团一起守望相助、共克时艰，在战"疫"大考中，再次展现了中国二十冶信守承诺、诚信经营的精神，向业主交上了一份靓丽的成绩单。

诚信工匠彰显央企风采

上海二十冶　张　芳

　　自 2017 年以来，中国二十冶响应国家政策，吹响"脱贫攻坚"号角，相继承建了贵州省独山县 2017—2018 年间全部易地扶贫搬迁项目。中国二十冶携手老区脱贫攻坚，同时实现多个合作项目落地生根，这源于自身施工能力和技术建造水平托底的自信，更来自于黔地政府和人民对中国二十冶的"放心"。"选择二十冶就是选择放心"不是一句口号，是二十冶人近半个世纪匠心铸就的口碑。

　　2018 年 3 月 25 日，在"天无三日晴，地无三尺平"的独山尧梭安置点，第一台塔吊进入工地。自此，"5＋2""白加黑"的工作模式拉开序幕，"保履约，创标化"的管理目标被提出，一份移民搬迁建设的答卷开始书写。

　　独山县尧梭花园易地扶贫搬迁项目（简称尧梭花园项目），是独山县的"一号"工程，也是国家完成脱贫目标的利民惠民工程。项目规划设计房屋 32 栋，2 040 套房，建成后可安置近 8 000 名搬迁群众，配套的周边设施可辐射带动上万人脱贫。

　　尧梭花园是独山三个易地搬迁项目中工期最紧、任务最重、管理链条最长的项目，建设难度加上管理难度，让项目各项工作开展初期就"动力不足"。面对打赢脱贫攻坚战的"死命令"，项目部紧急召开动员会。

　　"尧梭花园项目是公司重点项目，也是一项决战脱贫攻坚的政治任务。希望大家要坚定信念，提高政治站位。这个项目我们马上要面临'开工即冲刺'的紧急状态，希望全体参建人员树立'后墙不倒'的思

尧梭花园项目收获锦旗

想，把民生工程拿下来，把中国二十冶的旗帜树起来。"项目经理胡文福一番恳切的言辞鼓舞了所有参建人员。

短短 13 天，项目部先后完成了场区 80 米的道路硬化、8 500 余立方米土石方场平、塔吊安装及钢筋棚搭建、500 平方米的初步场地硬化及布置等前期部署工作。

2018 年 9 月 10 日，项目进入大干阶段，在"大干一百天，全力保节点"誓师大会上，时任上海二十冶副总经理的孙从永向尧梭花园项目部提出"要在 10 月底全面完成主体工程的基础上，全力实现创优目标"，这一新要求成为项目面临的最新挑战。

为实现目标，尧梭花园项目刀刃向内，启动项目管理改革，深化安全质量管理。根据施工和管理难点，立足施工现场求实求真，从班组开始把控工作，每道工序施工前都要求专业工长必须进行质量移交并书面签字，从而确保各环节的施工不出纰漏，保证及时发现并处理各种问题。

"要么不干，要干就干出个样子来。"在项目施工经理王庆栓不拖沓、不含糊的工作热情激励下，项目从原材料管控、工序优化到工人入场教育，不断提高质量意识，狠抓文明施工，又好又快推进工程建设。最终于 10 月底全面完成了主体工程的竣工验收。

　　汗水浇灌收获，实干笃定前行。2019 年 4 月，尧梭花园项目荣获"2018 年贵州省建筑安全文明施工样板工地"的荣誉，所有参建人员都欣喜不已。惊喜还在继续，2020 年伊始，一封来自尧梭花园项目望城社区的感谢信成为新年里最喜庆的红色。安全质量怎么样？项目进展怎么样？服务态度怎么样？一份荣誉和一份感谢信，给出了答案！

　　回顾一年多来的建设历程，促生产、重质量、担责任，打造履约标杆，项目所有参建人员以工匠精神诠释了"选择二十冶就是选择放心"的责任理念，履行了"诚信为荣、价值创造"的诺言，但二十冶人的步履不停，必将创造新的辉煌。

诚信履约　久久为功

工程技术公司　王名扬

　　中国二十冶淮南市田家庵区三和中学（简称三和中学）项目部自成立以来，本着"超越自我，追求卓越"的企业精神和"选择二十冶就是选择放心"的责任理念，以实际行动践行承诺，严格把控安全、工期、质量，多次在业主单位季度信用考评中名列前茅，获得业主单位的贺信嘉奖，为企业在淮南市场树立了诚信履约的良好形象。

不服输的三和精兵

　　作为淮南市贯彻落实"六稳"举措的重大项目，三和中学工程是淮南市教育事业发展的一件盛事，也是一项惠及千家万户、造福子孙后代的民生工程。面对施工过程中内部及外部的重重困难，项目部在项目经理杨志峰的带领下，顶住压力，领着一群不服输的三和精兵一路披荆斩棘，用信念、汗水和坚守，出色完成项目，塑造了企业的良好形象。

　　2020 年 9 月 30 日，临近国庆中秋双节，三和中学工地现场施工作业依旧如火如荼地进行着，施工人员正在为最后的主体结构封顶奋力冲刺。淮南的夏日气温高达 38～39 摄氏度，即使是夜晚也有 20 多摄氏度，混凝土浇筑的施工作业班组加班加点，为保证主体结构的顺利封顶、完成施工节点、履行承诺而拼搏。这一切对他们而言，不仅是工作，也是责任。

　　自开工以来，项目部全体员工以"咬定青山不放松"的坚韧和决心，克服了开工伊始项目地质结构复杂、地下涌水量大、淤泥土垃圾较

淮南三和中学项目部人员合影

多、安全隐患多，施工过程中图书馆、小学外立面结构局部位置异形设计多、立面不规则、造型多样等难点，提前 14 天安全、优质、高效地兑现了图书馆、小学、初中部及综合楼主体结构封顶的关键节点，赢得了淮南市政府和业主单位的一致好评。

攻克难关彰显实力

三和中学工程是淮南市政府重点民生工程项目。施工前期由于人防地下室防护功能平战转换，防护抗爆单元质量、临空墙的质量、防护门门框墙、防爆破活门门框墙位置、出入口部防护、防毒密闭段、防水工程质量控制及原则上不允许后开孔是本工程的重难点，这也是整个工程的重难点之一。该人防地下室与一般地下室相比，工序更加复杂，功能更加多样化。因此，项目部先后召开数次专题分析会，编制了专项方案，采用 BIM 技术 5D 立体分析对关键问题进行深入研究探讨，逐个落实解决措施。经过前期的充分准备和技术论证，2020 年 5 月 20 日，伴随着地下室顶板最后一方混凝土的浇筑，人防地下室自 2020 年 3 月 20 日开始绑扎筏板钢筋，共历时 61 天，比进度计划提前 10 天。

风雨操场、报告厅一层设计层高 7.5 米，二层设计层高 9.6 米。属于危险性较大的分部分项工程。所以高支模施工也是本工程的困难和挑战之一，是阻碍风雨操场、报告厅主体结构施工的"拦路虎"。为此，项目部一方面多次召开专题会议，制定切实可行的施工方案，进行专家论证；另一方面组织施工人员认真学习施工图纸、会审记录、施工方案和施工规范等技术文件，做好三级安全技术交底工作，加强在高大墙、柱的模板支设、混凝土浇筑质量通病控制的管理，使难点转化为亮点。最终，项目部克服工序复杂、模板支护质量要求高、混凝土分批次多次浇筑等困难，于 2020 年 12 月 25 日完成施工，提前 10 天兑现节点工期，为后续保温型钢构屋架施工奠定了坚实基础。

践行规范展示风采

三和中学工程作为淮南市贯彻落实"六稳"举措的重大项目，一直以来备受外界关注。因此，施工生产过程中，项目部始终把安全文明施工放在首位，不断深入开展质量安全标准化和文明工地建设，以实现绿色建造、安全施工、质量优秀为目标，精心组织、合理安排，倾力打造全线标杆工程。2020 年，淮南市市长、副市长及淮南市人大常委会代表等多家政府单位领导到三和中学工程施工现场观摩，参观临建设施、样板引路、绿色施工、主体结构施工。项目部频频获得业主单位与淮南市政府单位的好评点赞，他们以高质量、高标准建设领跑淮南市民生工程建设。

按照工期计划，项目部将于 2021 年 5 月实现三和中学工程具备竣工验收条件这一关键节点的目标。为此，项目领导班子高度重视，积极作为，提出了"高标准、高质量、高干劲、高效率"的"四高"要求，组织全体人员对安全文明建设进行自查自纠，做到不漏一处安全隐患，不留一处文明缺口，常抓安全文明教育，严格落实工期进度考核计划，为各项节点目标的实现提供了坚实保证。

　　诚信履约，真抓实干，久久为功。当前，三和中学项目部用实际行动认真贯彻"抓质量、保安全、强管理、育队伍、增效益、树形象"的指导方针，紧抓诚信履约不放松，全力打造淮南市放心民生工程、百年工程，树立企业诚信履约的良好口碑。

选择二十冶就是选择放心

市政公司　沈　艳

　　人无信不立，业无信不兴，国无信不强。一个人的成长需要诚信，而企业发展更是必须守信。

　　2019年3月初，中国二十冶武汉阳逻之心项目部接到一项特殊任务，武汉市新洲区阳逻开发区政府将武汉市第七届军人运动会保障线路圆梦南路和余泊南路交由他们负责。这对武汉阳逻之心项目部来说，既是一个难得的机遇，也是一个艰难的挑战。

　　当天，武汉阳逻之心项目部经理李小刚召开动员大会。会上，对目前的施工条件及施工需要部署的各项任务进行统筹分析。

　　"对于这次任务，我们只能成功，这是政府对我们的信任，因此，我们也必须对国家守信。虽然工期只有50天，但不管是刮风下雨，我们一分一秒都不能浪费……"项目部经理李小刚在会上郑重地说道。

　　"50天工期？目前道路还在正常通车，而且施工前期手续必须办理好才可以进行施工，难度有点大。"施工人员范永孝提出疑虑。

　　"前期手续我来联系办理，保证不耽误施工。"项目总工程师刘波说道。

　　对于这次任务，大家纷纷提出建议，分析工程重点、难点。因为大家知道，这项任务代表的不仅是项目部自身，更是代表中国二十冶，我们必须"言必信，行必果"。

　　随即，刘波带着技术部部长熊武志开始办理前期手续。事态紧急，首要解决的问题，绝对不能耽误一分一秒。凌晨两点，他们还在办公室里忙碌，最终每一张表格都一次性完成盖章，没有出现任何差错。

为节省来回时间，施工现场变临时食堂

　　第二天一大早，圆梦南路的路口已完成道路公示，进行围挡作业，施工机械已进场。

　　为了不浪费用餐的来回路程时间，施工现场变成了临时食堂，盒饭成了施工人员的一日三餐。项目部管理人员把每天的碰头会从会议室搬到施工现场各路段，碰头会由每天一次增加到两次，将工作落实到每个工作点、工作面。

　　5月8日，圆梦南路、余泊南路正式通车。武汉阳逻之心项目部不辱使命，日夜兼程，以实际行动践行"选择二十冶就是选择放心"的责任理念，用53天完成军运会极致保障线路建设的"军令状"。

　　在当下社会，诚信对每一个人来说都是一张无形的通行证。也许诚信并不直接写在你的档案里，但是，诚信是一个人的口碑，是一个企业运行的基石。中国二十冶武汉阳逻之心项目部的全体人员用实际行动证明了自己的"诚信之道"。

值得信赖的合作伙伴

上海二十冶　崔妍梦

2020年9月1日，是一个不同寻常的日子。江苏德龙镍业集团有限公司总经理顾志玉、副总经理杨立春一行来到上海二十冶响水项目部，赠送了一面"江苏德龙工程建设杰出贡献奖"锦旗，以此感谢公司在江苏德龙系列安装工程建设中做出的杰出贡献，并亲切地称赞公司为"值得信赖的合作伙伴"。

从2019年1月3日开工，到2020年6月26日最后一条生产线竣工投产，由项目部负责安装调试的11条生产线运行稳定全部达标、达产甚至超产。在工程建设中，他们发扬攻坚克难、不怕苦不怕累、连续作战、顽强拼搏的精神，给业主留下了深刻的印象，业主称赞上海二十冶是一支规范有序、敢打硬仗、能打胜仗、诚信履约的"铁军"，并希望在未来的工程建设中继续深化合作，携手共进。

2019年1月3日，上海二十冶凭借良好的历史业绩中标了响水德丰1320（1号）热酸线工程，打响了冶金市场的头一炮。项目团队精心策划，克服设备、材料及现场环境等各种不利因素，集中优势资源，实现了2019年5月28日投产的工期目标。项目投产后，项目团队及时与业主沟通后期规划，主动参与业主的相关规划会议，积极为业主建言献策，以实际行动诠释以客户为中心的发展理念。

2019年6月初，上海二十冶又连续中标江苏德龙集团徐州德龙70万吨不锈钢大棒工程、印尼海外五机五流方坯连铸工程、响水巨合1450六连轧工程、1450（1号）冷酸线工程、响水德丰1320（3号）热酸线工程五个项目。针对项目数量多、类型不同，时间紧、任务重、区

印尼海外五机五流方坯连铸机成功出坯

域分散（包括海外印尼项目）的特点，做好充分策划、准备、协调成为了项目部的工作重点。

为合理协调不同区域施工"作战"，项目部对工程进度统筹安排，充分利用空间和时间，有机结合"流水施工""穿插施工""轮班作业"，多工种、多工序、多专业相互穿插、紧密衔接，加快各个工程项目的施工进度。6月至10月，是这五个项目同时施工最繁忙的时期，项目经理乔增龙既要视频连线远程了解、安排印尼连铸及徐州大棒项目的工作，又要每天奔走在响水三个项目现场。因每个项目的业主不同，项目部管理人员经常需要连续参加一个又一个会议，经常拖到晚上九十点钟才吃晚饭。高峰期正值炎炎夏日，现场如同蒸笼一般，工作服通常是湿了又干、干了又湿，而他们却丝毫顾及不上，下班后又要根据当天的施工进展和存在的问题进行及时纠偏，安排第二天的工作计划。10月底，五个项目相继完工投产。业主称赞道："'选择二十冶就是选择放心'，本以为这只是一句口号，没想到是实实在在的承诺。"

2019年11月上旬，项目部又连续中标响水巨合1450五连轧、1450（2号）冷酸线两个工程，工期为2019年11月12日至2020年1月18日，仅仅67天。临近年末，施工组织难度增大。项目经理乔增龙要求项目人员"破釜沉舟""背水一战"。他们每天仔细研究图纸，结合现场实际，逐个化解难点，优化方案、倒排工期。五连轧轧机机组机顶平台上油气系统、液压主管、阀台及牌坊机体上中间液压配管密布，且液压管道系统需短接离线吹扫、冲洗。液压系统的按时调试直接制约着整个轧机机组的调试。由于中间配管到货滞后，项目部针对性制定了机顶油气系统、液压主管、阀台系统分系统分组施工，五组牌坊机体配管分组施工的方案，集中资源同时施工使得轧机调试时间提前了整整六天。

在两个项目投产仪式上，业主方董事长评价说："上海二十冶是一支作风过硬的队伍，创造了同类项目的最快安装记录，把许多不可能变成了可能，冶金建设国家队名不虚传！"

2020 年初，项目部积极组织疫情防控和复工复产，紧盯市场营销不放松。3 月底又相继中标响水巨合 1450（3 号）冷酸线、1450 不锈钢重卷机组及 1450 平整拉弯矫直机组三条生产线。面对设备交货滞后、时间紧迫的难题，项目部根据设备间断性到货状态调集资源，突击性拼抢，集中力量打"歼灭仗"。为确保 5 月 19 日退火炉点火烘炉的节点，项目部集中组织 60 人在短短 10 天完成了 220 公里电缆的敷设、接线、校线施工任务。通过高效有序的组织，2020 年 6 月 26 日三条线如期热试生产，也为江苏德龙系列工程画上了阶段性的圆满句号。

短短一年半时间，响水项目部扎根区域、深耕细作、诚信履约，做细品牌效应，实现了 11 项工程连续中标、连续签约、连续完工、连续收效的四"连"目标，真正成为了业主值得信赖的合作伙伴！

诚信是企业的生命

浙江二十冶　孙　超

　　所谓诚信，即内诚于心，外信于人，诚为始，信为本，方为诚信。诚信是企业的生命，诚信在，企业才能发展壮大，一次不忠，百次不容，若企业失去了诚信，市场也再无其一席之地。

　　"小成在智，大成在德"，诚信是企业的发展之首。诚，不欺心，诚，不欺人。在市场经济中，难免有靠欺骗客户、图取一时之利、缺斤少两来谋取自己利益的不良企业，但失信之人必定是自掘坟墓，欺骗他人终将得不到市场的肯定，久而久之，终究会被市场淘汰。

　　作为央企的中国二十冶，自始至终把业主的要求放在首位，不断创新进取，正如中国二十冶副总工程师，浙江二十冶党委书记、董事长孙从永常说的："我们是业主的管家，我们要满足业主的要求！"诚于业主，忠于业主，帮助业主管理好项目，优质的服务必将带来广阔的市场，真诚的合作才会换来长久的守望相助。

　　"选择二十冶就是选择放心"，这是二十冶人对社会的庄严承诺，也是塑造中国二十冶的金字招牌、铸就精品工程的铮铮誓言，完美诠释了企业"诚信为本"的责任与担当。做企业实际上就是做人，都要坚守诚信。信誉好别人才愿意跟你合作，才会放心跟你合作。开口说话，诚信为先，对自己讲出来的话绝对要认真履约。

　　中国二十冶景德镇昌南新区陶瓷产业孵化、加速基地一期项目合同约定工期两年，但为了满足业主的实际需求，项目经理部克服重重困难，压缩工期，项目部全体管理人员加班加点，伴随工程进度稳步推进的同时，凭借大干 50 天、安全生产月、质量月等各类活动，牢牢抓住

景德镇项目钢结构主体完成

质量与安全的"牛鼻子"，以超高的施工速度、优秀的工程品质向业主交出一份又一份满意的答卷，连续三个季度保持业主满意度问卷结果为"优秀"的良好业绩。一次又一次用实际行动践行了"选择二十冶就是选择放心"的责任理念。

"进学不诚则学杂，处事不诚则事败，自谋不诚则欺心而弃己，与人不诚则丧德而增怨"。中国二十冶自上而下为人处世皆以诚信为重。项目经营部部长高秀忠，既是一名优秀的经营人员，又是项目部的"神算子"，一笔一账皆过其手，成本管理、分包结算、员工工资，在他手中，一切都实事求是、井然有序。

"诚信为本，追求卓越"，无论是对建设单位、分包单位，还是对劳务公司、材料设备供应单位等，项目部都平等对待，坚守诚信，严格履行合同约定，从自身杜绝层层转包、违法分包，杜绝偷工减料、粗制滥造等任何可能危及工程质量的不良行为。公司坚持对施工人员实行月发放工资制度，工程完工或完成协议内容及时结算、及时清付，努力维护企业诚信经营、忠实履约的形象，向业主展现名副其实的央企风范。

"国无德不兴，人无德不立。"对于企业，信用是难能可贵的，倘若因一时失误而失信，造成的损失将永难挽回。周幽王烽火戏诸侯，加剧西周灭亡；商鞅城门立木，千金一诺，促使变法顺利实施。古往今来，唯有诚信，才能使人立足于世间、企业立足于市场。

以诚信塑形象　以诚信促发展

海外公司　王　雪

诚实守信是中华民族的传统美德。"诚者，天之道也；思诚者，人之道也。"诚实是天地之大道，天地之根本规律；追求诚信，则是做人的根本原则。诚实守信是做人和做事的基本原则，是构建诚信社会的基础，对企业而言，诚信是企业文化的一部分，是企业长久发展的基石。

2003 年初，中国二十冶在谋划新发展时，发现原有的发展方式很难继续推进公司的高速发展，只有转变增长方式、培育企业核心竞争力，才能促进公司的持续、健康、快速发展。转变增长方式和培育核心竞争力从深层次讲，就必须有相应的企业文化作支撑，以"诚信为本"的经营理念为核心的企业文化就是在这样背景下孕育而生。通过多年来的不断完善和发展，"诚信为本"的理念已经根植于中国二十冶员工的内心，成为企业近年来高质量发展的助推器。

2019 年 7 月，中国二十冶海外公司通过五矿电商平台招标，与两家企业分别签订了南亚（台塑）昆山聚酯设备拆迁项目包装和物流运输合同。但是在实际操作过程中，由于业主办理报建手续延误，导致原计划的 7 月 10 日开工时间推迟到 8 月 14 日。同时，施工过程中遇到了国庆期间禁止动火和高空作业的要求，这加剧了项目工期的紧张程度。此外，由于上海举办进博会，全市航道封闭，进一步加剧了工期的压缩程度。

面对这些不利因素，项目经理部和两家企业多次召开现场会议，研究解决方案，确保合同约定的货物发运时间节点，并承诺在确保工期后给予两个企业超支成本补偿。经讨论，包装公司需要增加人力和施工机

屹立在中国二十冶大院的大诚鼎雕塑

械，采取三班倒并扩大包装工作面，方能满足工作节点要求；物流公司需要增加驳船和浮吊，通过在一段时间内密集发运将货物运输至上海罗泾港码头。通过项目经理部的精准协调和多方密切配合，该项目最终在合同约定时间节点内完成了货物发运。本着"诚实守信"的原则，海外公司同意给予包装和物流公司补偿费用 80 余万元。

由于该项目的完美履约，给台塑留下了深刻印象，在承揽昆山制粒系统 600TD 主机设备拆除及越南安装工程的基础上，海外公司先后中标台塑越南制粒系统土建工程和台塑宁波年产 17 万吨双酚 A 二期统包工程，实现了"以战场保市场"的项目滚动发展目标。同时，物流公司和包装公司对于中国二十冶的诚信行为也非常感动，多次表示愿意在后续的项目上进行深入合作。

海外公司施工任务分布在多个国家和地区，在境外施工代表的是国有企业形象，更代表的是中国形象。作为知名国企，在国外施工的过程中一旦有不诚信行为，都将会给国家和企业的形象造成不可估量的损害，因此"诚信为本"的企业经营理念在海外工程施工中显得尤为重要。这里的诚实守信，主要是要符合当地法律法规并尊重当地宗教和风俗习惯，做到依法合规经营，同时要严格按照合同条款履约，不能因公司原因造成违约。但与此同时，"诚信为本"也没有束缚中国二十冶，对业主或当地企业的不诚信行为，公司也坚决按照法律、按照合同办事，维护企业的合法权益。

中国二十冶大诚鼎揭幕仪式

2020 年 7 月 21 日，习近平总书记在企业家座谈会上的讲话中指出：人无信不立，企业和企业家更是如此；社会主义市场经济是信用经济、法治经济。企业家要同方方面面打交道，调动人、财、物等各种资源，没有诚信就寸步难行。党的十八大以来，祖国发展日新月异，继往开来，十九大开启了中国伟大复兴新征程，新时代中国特色社会主义建设要求企业以诚信书写新形象，以诚信谋求新发展，为实现中华民族伟大复兴的中国梦谱写新篇章。

百行之源诚为本 一言九鼎重千秋

深圳二十冶 丁 宁

诚信是价值观中最重要的一环，意味着遵守契约的精神。在现代经济社会中，诚信在一定程度上甚至比物质资源和人力资源更为重要。中国二十冶空港新城综合管廊二期工程项目（简称空港二期项目），是国内为数不多的地下综合管廊与海绵城市相结合的典型。以诚信为本，立足百行之源。天下至诚，方能经纶大经。

诚者天道，思诚者人道也。诚信是推动企业生产力提高的精神动力，空港二期项目部把规范行业管理和建筑市场秩序、完善项目诚信体系、创新项目管理体制和提高项目工程建设质量作为重中之重，无建筑市场不良行为记录，不违反相关工程建设的法律、法规和职业行为规

"党员身边无事故"专题会议

范，信守合同；严格履行与建设单位、分包单位、劳务企业、材料设备供应单位等签订的合同；严格履行与职工签订的劳动合同等，及时支付农民工工资，杜绝因拖欠农民工工资问题造成的集体上访事件；在施工质量建设中不偷工减料，不使用不合格的建筑材料、建筑构配件和设备，严格按照合同工期和设计图纸、施工规范施工。加强行业自律，提高建筑企业素质，始终秉承"一天也不耽误，一天也不懈怠"的中冶精神，攻坚克难，为树立中国二十冶良好的企业形象做出积极努力。

空港二期项目部始终把加强文明（绿色）施工标准化建设放在首位，严格按照"5S"标准进行管理，做到文明施工常态化，不断提升施工现场安全生产、文明施工的水平，提高防护设施周转使用效率。全方位搭接 BIM 应用平台，践行智慧工地理念，推动项目实现精细化、信息化、标准化管理，切实结合深圳市劳务实名制管理要求，配合门禁闸机系统，通过软硬件结合的方式，实时准确地收集人员的信息进行劳务管理。项目管理人员通过手机客户端、电脑网页端实时了解施工现场人员作业情况，提高施工现场作业人员与项目管理人员交互的明确性、效率、灵活性和响应速度，进一步加强施工现场安全管理、杜绝各种违规操作、提高建筑工程质量。坚持按照操作规程施工，严格做到在工程评价期内工程竣工验收合格率达 100%，质量监督手续齐全，无工程建设重大事故。严格把控工程质量，加强安全生产和文明施工建设。严格做到在工程评价期内所有施工现场安全生产、文明施工达到合格标准以上，安全监督手续齐全。以建设精品工程、示范工程、廉洁工程为目标，确保工程顺利完成，给百姓一份满意的答卷，助力中国二十冶高质量发展。

在中冶集团"做冶金建设国家队、基本建设主力军、新兴产业领跑者，长期坚持走高技术高质量发展之路"的战略定位指引下，空港二期项目部满怀信心，迈出铿锵有力的坚定步伐。在生产经营上坚持诚信为本、质量第一，高度履行企业社会责任，打造诚信文化，在保证质量的基础上进行研发创新升级，承担起城市地下综合管廊建设的重任。在工

空港二期项目部合影

程项目建设中，始终重视引导和动员全体员工牢固树立诚信和质量意识，用自己的方式与千千万万在深圳一起拼搏的人们共同绘就城市蓝图。

诚信之道　生存之道

广东二十冶　童　瑶

　　"人无信不立，业无信不兴"。诚信作为个人的立身处世之本、企业的生存发展之道，已经越来越引起全社会的关注和重视。党的十九大报告强调，推进诚信建设和志愿服务制度化，强化社会责任意识、规则意识、奉献意识。这为鼓励企业承担社会责任、全面提升核心竞争力指明了方向。中央企业作为我国参与经济全球化的骨干力量和重要依托，更应肩负起这份责任。打造诚信品牌，回报社会百姓，成为中国二十冶在未来发展中引领企业方向的金字信条。

　　近年来，中国二十冶坚持把诚实守信作为核心理念，并纳入到公司的发展愿景和战略发展目标中，在核心理念和价值观层面建立了以诚信服务为基础的企业经营模式，公司各级领导高度重视企业的诚信创建工作，并积极参与各项企业诚信创建活动，在实践中不断提升企业信用，赢得了社会认可，树立了良好品牌形象。孔子曰："民无信不立。"国家的兴衰都离不开老百姓的信任，何况企业呢？当前，我国正处于创新驱动转型升级的关键时期，中央企业更应深入学习贯彻习近平新时代经济思想，在品牌强国中发挥好主导作用、骨干作用、示范作用。中国二十冶一直以这份标准严格要求自己，这份诚信，一方面体现在对施工质量的严抓严守，另一方面展现在时刻担当国企顶梁柱的社会责任感中。

　　中国二十冶加强全员、全方位、全过程质量管理，建立企业质量首负责任、工程质量终身责任以及服务质量保障等制度，完善质量安全控制关键岗位责任制，利用质量技术基础设施提升质量等作为在生产和管理中的第一要义，保持着诚信自律、规范经营的优良传统。即使受疫情影响，但

中国二十冶获第十七届中国土木工程詹天佑奖

中国二十冶没有一丝懈怠，2020 年 5 月，被评为雄安集团 A 级施工单位；2020 年 9 月，捧回首个"中国土木工程詹天佑奖"奖杯……无数的荣誉提醒着每个人："选择二十冶就是选择放心"是我们对社会最真挚的承诺。

面对新时代的号召，我们更要以习近平新时代中国特色社会主义思想为指导，深入宣传贯彻习近平总书记关于推动高质量发展的系列重要论述，认真落实党中央、国务院关于建设质量强国的决策部署，坚持以人民为中心，树立消费者至上理念，坚持新发展理念，推进高质量发展，坚持质量第一，抓好质量提升，共筑质量诚信，建设质量强国。

对社会责任的履行更是浸润在公司各项目部一点一滴的行动中。项目部作为向社会展示公司形象的窗口，一方面做到诚信履约，抓好项目质量、安全、进度等方面的管理；另一方面勇担社会责任，积极参与地方活动，发挥好央企顶梁柱的作用。

广东二十冶作为中国二十冶重要的区域公司，始终将粤港澳大湾区作为重点市场开拓目标。珠光里程花园项目部自成立以来，一直与周边社区保持着良好关系。台风过后，他们帮助周边居民尽力挽回损失；高考时，项目部管理人员自愿为考生和家长服务，送上一份爱心，受到学校师生和家长的点赞。珠海市香洲区凤山街道办领导在评价项目部时表示，中国二十冶是一个有社会责任心、有担当的企业，为香洲区经济建

珠光里程花园项目管理人员参加社区活动

设做出了重要贡献。人民群众的眼睛是雪亮的，只有坚持着每时每刻践行"以服务赢得市场，以信誉占领市场，以创新扩大市场，以真诚巩固市场"这一宗旨，才能向群众交上满意的答卷。

珠光里程花园项目送爱心进社区

这只是中国二十冶诚信之道的一个缩影。雄安公司积极参加灭火救援行动，深圳二十冶党委开展"情系凉山，与爱同行"的爱心助学活动，类似的事迹数不胜数。每个项目都秉持着"追求卓越，至诚至信"的信条，通过扎实有效的工作，赢得了地方主管部门、企事业单位和社会群众的广泛赞誉，体现了中国二十冶在城市基础设施建设领域的专业支撑、精耕细作，见证了央企助力新兴城市经济社会高质量发展的服务能力和品牌实力。

雄安公司积极参加灭火救援行动

诚信是企业的灵魂，有了它，企业才能生存和发展；品牌是企业的形象和内涵，有了它，企业才能有市场和发展的后劲。中国二十冶从半个世纪的风雨中走来，始终坚持"诚信"二字，它不仅体现在每一位员工"质量第一"的强烈意识中，更体现在每时每刻都践行着的社会使命与每一位客户放心的笑容里。未来的路还很长，全面提升产品和服务质量，不断增强人民群众的获得感、幸福感、安全感，这将会是二十冶人前行路上的指南。践行诚信之道，助力公司高质量发展，为了更好的未来，不断前行！

一流的执行力，打造一流的精品工程

安装公司　董雪松

质量观摩传美名

2007年9月30日下午，宝钢分公司技改工程管理部组织召开了五冷轧Ⅰ标电气设备安装现场质量观摩会。来自宝钢质监站、设备部、检测公司、监理公司及五冷轧、能源、马迹山改造等10个项目组和中国二十冶、宝冶建设、上海电建等11个施工单位20余个项目经理部的170余人，参加了电气设备安装现场的质量观摩。与会人员对中国二十冶电装公司施工的五冷轧Ⅰ标段电气设备安装的实体质量、观感质量给

肇亮班组负责调试的盘柜

予了由衷称赞。宝钢分公司副总经理张建中评价道："中国二十冶项目经理部质量策划到位，控制有效，整个项目不仅满足了规范标准要求，而且给人一种美的享受。"

这得益于五冷轧项目经理部认真贯彻"把小事做细，把细节做精"的质量管理理念，实现了"让业主全过程放心"的郑重承诺。毫无疑问的是，项目的管理是一流的，但一流的项目管理离不开一流的执行力。

执行，无条件地执行

"执行，无条件地执行。"在电装公司五冷轧项目部召开的劳动竞赛和党员责任区评比动员会上，作为党员责任区的代表，班长刘春利在发言中说："我们要做的就是执行，无条件地执行项目部交给我们的每项工作……"于是，执行、无条件地执行，在最短的时间内成为了刘春利班组文化建设的精髓所在。

吴广民是班组中的老师傅，电装公司宝钢五冷轧项目部实行"首件制"以后，他成为忠实的执行者之一，尤其在特殊施工环境中，在执行标准遇到困难时，他依然耐心、严格按施工程序执行，速度慢下来，可以减少吃饭与休息的时间，但是执行标准的环节一点儿也不能马虎。

杨伟勇是班组的电焊工，在班组中执行标准最彻底。从施工的第一道工序到"工完料清"，不仅焊接的活儿漂亮，也是文明施工的典范。

班组中的肖同剑负责接线的盘柜走线流畅。因其刀口整齐，弯度漂亮，正确率全班最高，在此次质量观摩中广受好评，也成为班组的质量样板。大家向他请教经验，肖同剑谦虚地说："一切严格按质量标准，不打任何折扣地执行就行了……"

执行，就是工作态度

对于执行力，同样参战五冷轧建设的班长王军是这样理解的——"执行力，说到底就是工作态度，有了端正的工作态度，也就有了强大的执行力。工作要用心，严格执行标准和要求。"在五冷轧施工中，他把这种理念灌输给班组里的每个人，大家也一丝不苟地执行着。

火爆配管施工中，班组里徐永刚在最短的时间内，以优秀的施工质量完成工作，为后续施工争取了更多的宝贵时间。兢兢业业的工作态度、出色的业绩、扎实的工匠精神，使他当年赢得了电装公司劳模的荣誉。

变压器动力电缆敷设是最繁重的体力活，并且时间要求严格，接到王军的工作布置，丁文海师傅二话没说，带领互助组组员投入施工。在工程最吃劲的时候也没要求班长增派人手，忙完手中的活儿又去增援其他组员，为班组严格完成施工节点提供了有力保障。

调试班组的执行力

安装班组的执行力一流，调试班组也不例外。他们同样认真地践行着"以诚信对待业主，以质量占稳市场"的理念。电装调试队积极参与宝钢五冷轧常化酸洗线等电气自动化系统调试，一流的执行力和表现，为提前两个月实现热负荷试车创造了有利条件。

调试伊始，项目部下达了提前两个月实现热负荷试车的调试任务。面对日本 TMEIC 公司设计生产的电气设备，调试班组集中精兵强将组织编写了有关的作业指导书，配备了专用的仪表、电脑，主动加入调试。那时，班组唯一能想到的就是不折不扣地执行。2008 年元旦，日方人员休假，调试班组在肇亮等同志带领下独立完成了 60 台电机调试工作，并顺利完成了 237 台交流调速电机的单体试车，提前两个月实现热负荷试车。

"选择二十冶就是选择放心"

在项目部和施工班组的共同努力下，为表彰冷一标电气设备安装的出色业绩，电气专业项目经理李航获评宝钢分公司"十一五"重大项目立功竞赛一等功。2011 年，宝钢五冷轧带钢一期工程不负众望获得"鲁班奖"殊荣，成为了"以诚信服务业主，以质量和信誉赢得市场"的又一样板工程，再次践行了"选择二十冶就是选择放心"的责任理念。

由横琴总部大厦（二期）项目部
农民工工资管理获诚信加分想到的

广东二十冶　李国旗

2020 年 11 月 16 日，经珠海市横琴新区根治拖欠农民工工资工作领导小组办公室考核，广东二十冶横琴总部大厦（二期）项目部农民工工资管理工作，获得横琴新区管理委员会通报表扬并获得诚信加分。

这是自 2020 年 5 月 1 日，国务院第 724 号文件《保障农民工工资支付条例》正式实施之后，珠海横琴新区首次对实地核查的农民工工资支付试点项目、施工企业予以通报表扬。横琴总部大厦（二期）项目部是横琴新区众多施工企业 140 多项在建项目中 10 家受表扬的项目之一，

组织开展《保障农民工工资支付条例》学习

最为可贵的是得到诚信加分这个市场竞争中的重要砝码，为公司进一步开拓市场奠定了良好基础。

中国二十冶早在21世纪之初的企业文化再造期间，就将"诚信为本"确定为企业的市场经营理念，并始终坚持将"选择二十冶就是选择放心"作为企业的责任理念。一言九鼎的诚信文化标志，不仅仅是公司中央广场的大诚鼎雕塑，更体现在获得全国五一劳动奖状、全国优秀施工企业、全国建筑百强企业、中央企业先进集体等称号；体现在获得国家科技进步特等奖1项，土木工程詹天佑大奖1项，21项国家优质工程奖（金质奖6项）、22项"鲁班奖"，480余项省部级及以上工程质量奖；更体现在拥有授权专利1605件、国家级工法19项、省部级工法264项，发布国家标准34项、行业标准14项、团体标准4项等等，这些奖项与荣誉是公司实力与诚信的见证。

今天，我们面对的是全球化的市场，我们面临的对手不再仅仅是国内企业，我们必须树立诚信的道德品质，才能在国际竞争中站稳脚跟。再造企业的诚信文化，让它融入企业员工的群体意识并以此催生群体行为，就是中国二十冶全体员工共同价值观念的体现。诚实守信是企业的无形资产。"诚招天下客，誉从信中来"，企业诚实守信，就会树立良好的市场信誉，就会赢得市场。而建设和谐社会，对企业来说既是责任也是机遇。一个能引起广泛关注、受到公众好评的企业，一定是自觉履行社会责任的企业。首先，为市场提供优质产品，是企业的基本本分，也是企业最大的价值。其次，友好地对待公众、对待员工，是企业的直接社会责任，也是企业发展所表现的良好趋势。最后，企业还应有支持公益回报社会的服务意识，为和谐社会的构建贡献应有的力量。

做好农民工工资支付的管理工作，对我们这个以施工总承包为主业、需要大量有专业特长的农民工作为辅助支撑的劳动密集型产业来说显得尤为重要。培养打造一些召之即来、来之能战的合作队伍，相互支撑的要点就是要靠诚信来固实。有道是：言而有信，信必昭著；言而无

横琴新区根治拖欠农民工工资工作领导小组办公室

关于对部分施工企业进行表扬的通报

区根治拖欠农民工工资工作领导小组成员单位、各相关企业:

　　2020年,我区建设工程领域部分施工企业严格落实各项源头治理措施,规范工资支付行为,在国家、省保障农民工工资支付工作考核中,顺利通过国家、省核查组的考核检查,为保障农民工工资支付作出了积极贡献。同时,在我区开展的重点项目培育活动中,试点项目施工企业密切配合培育工作,积极发挥示范效应,培育活动取得明显成效。经研究,决定对国家、省保障农民工工资支付工作考核实地核查检查项目施工企业和建设工程领域重点项目培育活动试点项目施工企业予以通报表扬,行业主管部门可根据通报情况视情给予诚信加分。

　　希望获得表扬的企业再接再厉,切实发挥模范带头作用,在保障农民工工资支付工作中再创佳绩。全区各建筑企业要以先进企业为榜样,学习成功经验和做法,全面贯彻农民工工资支付保障制度,推动我区建设工程领域劳动用工管理水平再上一个新台阶,为建设美丽横琴作出更大的贡献。

　　特此通报。

- 1 -

通报表扬企业名单

序号	项目名称	施工企业名称
一、国际保障农民工工资支付工作考核实地核查迎检施工企业		
1	洪鹤大桥工程 HHTJ2 标	中铁大桥局集团有限公司
2	至和国际生命科学中心-北区(基坑支护工程)	江苏君临建设工程有限公司
二、省保障农民工工资支付工作考核实地核查迎检施工企业		
1	洪鹤大桥工程 HHTJ2 标	中铁大桥局集团有限公司
2	至和国际生命科学中心-北区(基坑支护工程)	江苏君临建设工程有限公司
3	珠海横琴总部大厦(二期)基坑支护工程	中国二十冶集团有限公司　广东二十冶建设有限公司
4	横琴新区高级人才公寓(二期)	中建三局第一建设工程有限责任公司
5	横琴新区高新技术产业区市政基础设施及配套工程(二标段)	广东省水利水电第三工程局有限公司
6	珠海市公安局横琴分局业务技术用房项目	广东省第四建筑工程有限公司
7	中葡商贸中心(主体工程)	广东中城建设集团有限公司
8	横琴新区旧村居环境整治提升工程标段四(下村)	江西省建设集团有限公司

横琴总部大厦(二期)项目保障农民工工资支付工作得到横琴新区表扬

信,寸步难行。"诚信为本"是中国二十冶在市场大浪中扬帆起航、平稳顺行的法宝之一。

诚信之道

上海二十冶　杨宇超

　　诚，信也；信，诚也。古人云："人无信不立，家无信必衰，国无信必危"，诚信是一切价值的根本。对企业而言，诚信便是最大的财富，是企业生存和发展的基石。

　　春节，本应该是万家灯火、欢聚一堂的美好时刻。突如其来的新冠肺炎给 2020 年的春节蒙上了一层阴影，也为永钢转底炉项目的推进增加了前所未有的困难。眼看着项目马上就要进入大干快干之时，但如今却因疫情面临多项施工计划被取消、劳动力资源严重不足、既定的工期计划难以实现……诸多困难。

　　2020 年 3 月 25 日 20 点，在转底炉项目工程推进会上，业主负责人李伟说："我们知道疫情对工期影响很大，希望你们项目部能够一如既往地克服困难，7 月 10 日转底炉务必达到试车条件！这是对中国二十冶的巨大考验，也是对你们的信赖啊！"

　　"永钢的信任不能丢，永钢重点项目必须保住，'选择二十冶就是选择放心'，我们一定全力以赴！"永钢项目负责人刘忠斩钉截铁地对业主承诺道。

　　7 月 10 日完成谈何容易。业主离开了，项目部牵头继续开推进会。

　　"这压力太大了！施工过程中会出现很多问题！"分包队伍的负责人也低声抱怨。

　　"7 月 10 日烘炉日期坚决不后移，无论如何也绝对不能因为疫情耽误整个工程的进展，必须对得起咱们冶金建设国家队的金字招牌！"这是项目经理刘忠给大家下的死命令。

一方面是疫情，另一方面是工期紧、任务重，而后者才是最主要的影响因素。"自古驱民在诚信，一言为重百金轻。"项目部全体人员都明白，我们不能失信，因为工程不仅代表的是我们自己，也代表的是中国二十冶！

为完成 7 月 10 日烘炉的目标任务，生球烘干厂房全线贯通至关重要。

5 月 30 日晚上，"我们明天要贯穿生球烘干厂房的热风管道，需要钢结构班组配合，安装班组也得暂停三个小时。"管道老李在"天天读"例会上提出要求。

"不行，工期已经很紧张了，现在停工的话，链箅机就无法保证按时完成，到时候考核罚款由你们队伍负责！"安装班组老柴大声说道。"生球烘干厂房内的热风管道不能贯通，即使别的专业先完成也无济于事。"老王生气地说道。

"领导，我来负责三个专业的协调，保证明天大家互不影响"，工程部部长范家辉主动请缨。见小范站了出来，大家虽有点诧异，但却又充满信心和期待。第二天，范部长带领四个技术人员统筹安排施工先后顺序，确定"先管道、再设备、后结构"，等设备就位精确调试时，再利用行车将钢结构屋面檩条穿插吊装就位。分包队伍工人嗓门大、脾气暴，平时说话慢声细气的范家辉边指挥边好言相劝、耐心解释，化解了班组间争抢施工顺序造成的矛盾。以前的"三会一课"上，分包负责人都评价他"太文弱"，"站出来扛担子"的意识还要加强，现在他却用独有的"气质"担起了重任。

当天，管道像条游龙，一段空中、一段地下在厂房周围穿梭，多层桥架密布在通廊上，整个现场细化分工、强势攻坚，努力突破工期"瓶颈"，循序高效推动施工进度。

圆筒冷却机设备安装是整个项目的重点，也是整套工艺流程的难点。圆筒长 15 米，重约 65 吨，现场地面有大量回填土，上方又受限于钢结构厂房的高度，作业环境无法满足吊装要求。工程技术部门连夜修

圆筒冷却机吊装

改吊装方案，经过专家论证通过后，最终采用铺设15块钢板作为临时道路，选用300吨汽车吊采取"四点吊装法"，成功克服现场道路问题，实现了顺利吊装。

7月5日，转底炉项目进入设备调试冲刺阶段，离节点目标只有五天的时间。项目部提出"技术攻坚队"跑出冶金"加速度"的口号，在确保安全的前提下，科学安排倒班计划，采取 24 小时不间断施工。

凌晨两点，项目部集装箱内依然灯火通明，技术攻坚队认真研究工程图纸，在图纸上用不同颜色的笔，将设备调试的布局、顺序等一点一点地标识出来。密密麻麻的彩色施工图纸仿佛错综复杂的迷宫，但他们还是精准地找到了突破口。

调试工作有序开展，施工现场不时传来清脆的哨声和对讲机的喊话声，可进度还是在关键时候"卡了脖子"。

摆式布料器和辊压机调试出了问题。原厂设备尺寸与现场实际尺寸不符，导致成球率很低。摆式布料器与下方的振动筛高度过高会将成品球摔碎，高度过低摆动幅度又达不到。怎么办？

这个问题只能寄希望于现场技术攻坚队了，攻坚队里的技术骨干连夜对设备进行优化改造。天已经快亮了，方案还没有想出来，正在大家一筹莫展时，"有了！"技术总工程师爲海峰的一声大喊，瞬间赶走了大家的疲惫和睡意。"我们能不能把设备的圆形法兰改为方形法兰试试？"大家一听来了劲头，通过精密计算与现场测量，提出通过割矮弧形梁、将设备下方连接杆加长，大胆尝试把圆形法兰改为方形法兰来降低摆式布料器的垂直高度。这个方案经过设计院、设备厂家等多方研讨，被认定是既能满足设备正常使用功能，又能保证产品质量的方案。难题终于赶在试车前解决了，"年轻人关键时候真行啊！"项目部其他老员工纷纷竖起大拇指。

7 月 10 日，随着一道投料指令，各种含铁锌尘泥灰精准配料后被送入强力混合机，混合、造球、烘干、焙烧、冷却所有工序无缝连接，经炉内 1 280 摄氏度高温焙烧 20 分钟后，一颗颗泛着金属光泽的产品球团相继进入链斗输送机，随着一斗斗的产品平稳进入成品料仓，永钢转底炉投料生产一次成功！全场响起了热烈的掌声，平时表情严肃的刘忠此刻脸上也挂满了笑容。之前觉得"不可能"的施工经理沈跃国忍不住激动地说："咱们成功了！"在场的人都笑了，业主代表李伟说："中国二十冶靠谱，你们项目部靠谱！遇到难关时，项目经理带头闯，技术人员拧成一股绳，什么困难都能战胜！"

在无经验可借鉴、引进技术有待改进、设备和设计均不成熟，新冠肺炎疫情影响的情况下，永钢项目部逆势而上，带头冲锋，主动担当作为，项目部齐心协力"关关难过关关过"，经历 100 天的冶建大"考"，确保了如期热负荷试车，向业主交出了"零事故、高质量、快进度"的满分答卷。

诚信是道路，随着开拓者的脚步延伸；诚信是智慧，随着博学者的求索积累；诚信是成功，随着奋进者的拼搏临近。诚信是财富的种子，只要你用心浇灌，就能开花结果。正是因为项目部全体人员坚守"诚信"，秉承着中国二十冶"以精品迎口碑，以现场赢市场"的理念，终于将绿色转底炉工程特色品牌打造成功，用实际行动诠释了"冶金建设国家队"的责任与担当，铸就了中国二十冶的"诚信之道"。

以诚铸心　以行立命

设计研究院　张超豪

"好！没问题，您放心，我们肯定在一个月内完成任务！"

2019年7月，设计研究院鞍钢"三供一业"物业分离移交项目正式启动，作为先行部队的勘察组入驻鞍山项目部，看着桌上地图中做了标记的3 494栋老旧住宅楼，16名勘察组成员都陷入了沉默。

"咱们分成十个组，分组前往勘察，加快项目推进。"刘组长拿着笔在地图上划拉，将3 000多栋楼粗略地分出十个区，"工程量比较大，但是咱们还是要保质保量地拿到项目部要求的资料。"

"我像只鱼儿在你的荷塘……"一阵嘹亮的手机铃声打断了刘组长的话，打破了几近凝固的氛围，"喂，我老刘啊，赵经理，您好您好……"

"这楼也忒多了，一人分三四百栋呢，这咱可咋干啊！"趁着刘组长接电话的空儿，组员们交头接耳，"是啊，是啊，这么多小区，跑一圈都费劲，还得挨栋楼爬上爬下的，这谁能扛得住。""快想想办法，我这一身200多斤肉，别说爬六楼了，坐电梯上六楼我都费劲儿。"大家相互抱怨，纷纷打起了退堂鼓。

"什么，一个月？"刘组长一下子升了好几个音调，"好！没问题，您放心，我们肯定在一个月内完成任务！""啪"的一声电话挂了，刘组长稳了稳心神，"同志们，为了配合项目部的进度安排，咱们在一个月之内要把楼栋勘察完。"

勘察组 6 名"90 后"青年员工对鞍钢"三供一业"项目图纸进行校对审核

话音刚落，本就紧张的会议室瞬间炸开了锅，"刚来鞍山，就这么刺激吗？""这不是开玩笑吗？"

……

"好了，大家都别磨叽了。"刘组长敲了敲桌子，"咱们设计院啥人才都有，就是没有孬人。既然答应要配合施工进度，交出勘察材料，咱们就必须履约尽责！下面我来分配任务。"

那是怎样漫长的一个月呢？在夏日炽热的阳光下，在闷热黏稠的空气中，勘察组员们辗转在各自片区的楼栋间，扛着梯子爬上楼宇的屋面，队伍从一开始的欢声笑语慢慢沉默下来，渐渐只剩叹气和喘息的声音，在每晚清亮的灯光下，在堆积如山的图表中，才整理好几百份楼栋数据，就又要开始规划第二天的行程，往往在夜深人静时，才能披着月光，浩浩荡荡地"杀"回寝室，谈笑声和着蝉鸣，吹散在夏日的晚风里。

阳光晒黑了小伙子们的皮肤，雨水洗去了他们身上的稚嫩，履约守信的责任感和拼搏开创的精气神儿使他们的信念愈发坚定。7 月的最后一天，将材料全部整理好后，大家难掩心中的喜悦，纷纷击掌庆祝，自豪感与幸福感在办公室荡漾开来。这是他们攻坚克难，履约守信的自豪，是自我实现、自我突破的喜悦！

"咱们身上都穿着 MCC 的制服，MCC 就是质量的保证，这是一个民生工程，更要高标准、高质量、严要求！"

8月底，完成勘察工作后，六名勘察组员留在鞍山配合项目部出图与验收。

适逢雨季，这批建造于 20 世纪 60 年代的住宅楼都有不同程度的漏水问题。在例会上，各分区负责人都忙得焦头烂额，纷纷向项目部的赵经理谈起现场的困难：现场人手严重不足、计划外防雨材料数额巨大、现场材料供应不足等等。

"雨水季节提前，雨水量比往年都要大，这是我们都没有想到的，但是，不论投入，一切以保障百姓的生命财产安全为主。每个施工现场，都要有我们的人 24 小时轮班值守，现场的防雨措施要标准化，必须达到统一要求！"赵经理情绪激昂，态度恳切，"咱们身上都穿着 MCC 的制服，MCC 就是质量的保证，这是一个民生工程，更要高标准、高质量、严要求！我们既然领了任务，就要尽到责，必须办好事。"

开完会，他匆匆换上施工现场的制服，赶往情况最危急的楼区，实地与居民沟通交流，安抚情绪，询问楼栋情况，做屋面勘察。

"同这栋楼情况相同、相似的楼栋都要加强保护措施，暂时没有漏雨情况的也不例外，咱们要防患于未然！"雨点噼里啪啦地打在他的脸上，水珠顺着他坚毅的脸庞滑落，他好像浑然不觉，只是不停歇地布置现场工作。

从这天起，赵经理成了项目部的天气预报员，时刻盯着雨水、风向的变化，在乌云刚刚聚集起来时就向各个施工组长通知可能降水的情况。

"一天也不耽误，一天也不懈怠。"大家全力以赴降低恶劣天气带来的影响，晴一天就干一天，晴一个小时就赶一个小时。就这样，终于抢在北方的冬天到来之前完成了防水工程。

总结会上，看着一个个蓬头垢面，形象完全不似之前的成员们，赵经理摸了摸自己那像被放了气似的肚子，笑成了一朵花。

"选择二十冶就是选择放心"

12月底，项目接近尾声，组员们开始整理材料，统一归类，准备移交工作。这天却来了一位"不速之客"。

"这段时间给你们添了不少麻烦啊，现在大家可以松口气了。"鞍山8890政务便民平台的联络员一进门就和大家开起了玩笑，"这是小李，小张，那是小王吧？以前都在电话里联系，今天可算见到真人了。"

"我们可再也不想接到您的电话了。"办公室里顿时活跃起来，大家纷纷起身欢迎这位未曾谋面的客人。

"咦，群众的电话我还真是接到了不少。"联络员环顾了一圈，看了看大家忽然严肃的表情，话锋一转道，"不过都是夸咱的，说咱中国二十冶不仅把分内的防水、排水做得很好，更是乐于助民，帮忙修了墙，砌固上人孔，搬运太阳能热水器。你们衣服上这句'选择二十冶就是选择放心'还真不假！"

"呀，那当然是真的！"总工程师老王一听这话坐不住了，"这可是我们的招牌！标语口号衣上印，央企责任心中记！"

在钢都生活工作的五个月，对设计研究院的小伙子们来说虽是生命中短暂的一段时光，但也是时刻绽放夺目光彩的时光。在这里，他们实现了自我，超越了自我，也创造了自我。作为平凡普通的中国二十冶职工，他们始终坚守着"履约守信"的工作思想，贯彻了中国二十冶"诚信为本"的经营理念，每一次"高标准、高质量、严要求"的执行，让"选择二十冶就是选择放心"的责任理念更深入人心。

一点一滴的坚持和奉献汇聚成江河，奔向更广阔更美好的未来。习近平同志在十九大报告中提到："广大青年要坚定理想信念，志存高远，在实现中国梦的生动实践中放飞青春梦想，在为人民利益的不懈奋斗中书写人生华章！"以诚铸心，以行立命，他们已经找到了方向和道路。

乘风破浪，五十九天兑诺言

上海二十冶　王嘉怡

"74 天已经是极限了，压缩至 60 天，这怎么可能？"

"2CC 比 1CC 改造难度大多了，1CC 还 75 天呢。"

会议室里议论纷纷，大家都不敢相信自己的耳朵。

原来这是一场针对即将进行的 2CC 综合改造工程召开的项目推进会。会上，业主要求将 2CC 改造工程从原定的 74 天工期，压缩至 60 天完成。这一下，会议室炸开了锅。

宝钢 2CC 焊工紧张作业

上海二十冶承建的宝钢 1CC 改造工程曾经遇到过类似情况，工期从谈判之初的 103 天缩短至合同中的 90 天，最终项目团队以提前 15 天

的"不可思议的成绩"完成了热试，刷新了同类连铸机改造的工期纪录。然而，目前正亟待开工的宝钢 2CC 工程比 1CC 综合改造工程更复杂，时间之紧、任务之重、挑战之大都是前所未有的。从项目中标以来，为了在 74 天完成这项不可能完成的任务，团队已经付出了艰辛的努力，投入了大量的准备工作，修改了无数版施工进度方案。现在从原定 74 天压缩至 60 天，这怎么可能？

"我们就要把不可能变成可能！"眼见大家争论不休，项目经理掷地有声地说道，"大家要记住，我们能够在宝钢立足，靠的不是去跟业主争辩工期，而是把每一个难题拿下来，变成我们荣誉的阶石。"

工期就是命令，只能进，不能退！为确保 60 天工期，项目团队在公司技术和项目管理部门的大力配合下，多次与业主、设计单位专业人员协商优化施工方案，结合之前做过的宝钢 1CC 和武钢 2CC 的改造情况，就本项目现场设备位置、结构形式、施工工艺、施工程序调试、设备供货需求及生产过程中存在问题的共性和差异进行了交流分析，倒排工期，优化施工工序。从年修停机前准备、体系管理措施、作业资源策划、施工机具配置、危大安全管控等在施工方案中进行了多次优化，对物资供应、材料进厂、作业人员多线施工都进行了充足的准备和交底，尽可能缩短工期的同时，保障质量安全，为 2020 年 8 月 25 日即将到来的停机开工打好基础。

25 日，机组停机，改造正式开始。走上 2CC 连铸平台望向扇形段方向，又高又密的设备群落、狭窄的现场空间、起重吊装环境恶劣、延绵不绝的水汽，介质管道弥漫着难耐的高温，液压、润滑管网如群蛇乱舞般盘踞在扇形段，结晶器区域结构复杂得令人眼花缭乱，区域内冷钢、干渣废料堆积严重……看着凌乱不堪的现场，大家意识到，一场硬仗开始了。

宝钢 2CC 项目投产

8 月底正是上海的高温季节，旁边的生产线热浪滚滚，厂房里灯光强烈，进入施工区域，站在那里就是一身汗。在狭窄的空间内拆除几十年的老设备，马达轰鸣、焊花四溅，现场工人 24 小时倒班立体交叉作业，繁忙而有序。为了完成 60 天的工期目标，项目经理连续十几天吃住在工地，累了就倒在沙发上休息一会儿，直到最危险、最关键的拆除节点提前顺利完成，他才长舒了一口气。这是一群充满激情的人，每个人仿佛有三头六臂，奔走在现场的每个角落：管理人员分兵把关，不容有任何闪失；安全员在不同的区域来回巡视；作业人员铆足了劲儿，比拼赶超；拆除、安装、调试，每一个环节项目团队都用心打磨，把计划精确到每道工序、每个小时……

2020 年 10 月 23 日 19 点 25 分，2CC 综合改造工程顺利热试投产，"成功了！成功了！"现场欢呼雀跃，项目人员抱在一起，激动地振臂欢呼。他们用 59 天完成了连铸机综合改造，又一次将"提前一天"的完美答卷交到了业主手上。

言出必成，是为诚；人言而守，是为信。项目所有管理和作业人员锐意进取、攻坚克难、奋力拼搏、完美履约，再一次刷新了连铸机改造的纪录，生动诠释了"选择二十冶就是选择放心"的责任理念，用心铸造中国二十冶的信誉，展现出"冶金建设国家队"的风采。

项目诚信之道

福建公司　王金华

诚信是我们的民族之魂。中国是一个讲诚信的国家，诚信让中国二十冶在玻璃行业有了突破；诚信让中国二十冶被湖南雁翔湘实业有限公司认同；项目部每一个人都秉承中华民族的传统美德，做一个明诚信、讲诚信的人。雁翔湘项目管理团队一次又一次攻坚克难，取得胜利；一次又一次诚信履约，赢得赞誉。为企业树立了良好的品牌形象，同时也吸引了社会各界的广泛关注。

湖南雁翔湘项目是中国二十冶在湖南落地的首个玻璃建材项目，肩负着树立企业良好形象的重任。打造诚信工程、实现优质履约，无疑是最好的证明方式。项目部始终秉承"诚信为本"的经营理念，在稳控安全、狠抓质量的同时，不忘拼抢进度、争先创优，致力于建设安全、放心、精品工程。

诚信义务

2020 年的春节注定是忙碌的，又遇疫情变故，项目部第一时间成立疫情防控小组，制定应急防疫方案，部署疫情防控措施。经过科学严密部署，精心组织安排，2020 年 2 月 20 日，熔化工段深 12 米底板5 500 立方米砼浇筑，湖南雁翔湘土建工程正式拉开帷幕，为项目规划许可证、融资打响第一枪。20 天时间将熔化工段 80 吨塔吊及原料 50吨塔吊投入使用，为主生产线提供作业条件。2020 年 4 月 22 日，顺利完成熔化工段地下剪力墙作业。2020 年 5 月 1 日，完成原料车间地下结构。各施工节点未因疫情而滞后，兑现了对业主的承诺。

湖南雁翔湘项目部全体人员合影

诚信坚持

2020年5月，业主公司出现困难，项目进展延缓。原有工作计划被打乱，工程建设进度受到影响，既定目标任务完成难度呈直线上升。等到全面恢复开工已经过去五个月，施工图纸陆续到位，但是项目点火时间不变，合同各项工作内容不变。"一项工程交到你手上，是业主对你的信任，你就必须不负重托，兑现承诺，负责到底！"项目负责人张文彦掷地有声地说。他带领项目领导班子毅然放弃与家人团聚的假期，身先士卒，成立劳动竞赛小组，坚守在施工一线，对项目管理工作亲力亲为、尽职尽责，为推进项目安全生产出谋划策、协调各方。

12月开始钢结构安装，业主要求6 000吨钢结构要在5个月内完工，任务艰巨。项目部精心编制钢结构安装施工方案，经过施工人员连续两个月的紧张施工，均化、熔化、成形主体结构全部完成。在屋面彩板安装前，项目部技术及施工人员对整体结构进行分析，3 000平方米围护结构安装仅用六天就完成了，给后续檩条施工预留了充足时间，确保了钢结构安装节点，施工质量和进度得到业主和监理单位的认可。

经过 2021 年前四个多月的日夜奋战和不懈努力，在湖南省衡阳市衡东县大浦开发区建筑市场主体信用综合系统中评价良好，为企业树立了良好的信誉形象。

诚信保证

对节日中坚守岗位的建设者们来说，2021 年春节长假就是七个普通的工作日。坚守雁翔湘项目一线的工人约有 60 人，他们在春节期间加班加点赶进度、抓工期。在项目部负责人的带领下，映入眼帘的是高大的厂房建筑，巨大的曲臂升降车在空中挥舞着长长的铁臂，施工人员在紧张有序地安装屋面采光板，场面甚是壮观。在均化库工程厂房、钢筋水泥间，看到的是工人们忙碌的身影，每个专业的施工人员都在低头干着手中的活。进入施工现场，工人们忙着刷漆、安装照明管线、切割、焊接……施工现场紧张忙碌却又井然有序。

一年来，项目部面对复杂的外部环境和施工技术难题，坚持科学谋划、稳中求进，通过倒排工期、细化节点、明确责任、领导带班等系列举措，大力推进施工进度。办公楼施工如期完成、主生产线区域建设有序推进、公辅工程顺利贯通……一系列阶段性的成果如期而至，极大鼓舞了员工干劲。

这不平凡的一年，项目部在工程开复工监管压力交织下，秉承"干一项工程、树一座丰碑、拓一方市场"的管理理念，将精细化标准化要求贯穿工程建设始终，实现了工程施工履约目标，交出了一份让业主满意、人民满意的答卷。"诚信为本"的经营理念已然转化为中国二十冶品牌影响力和市场竞争力，展望未来，中国二十冶必然向着更高层次、更优水平、更广领域稳步迈进。

言必行 行必果

上海二十冶 王宝山 王 浩

子曰："人而无信，不知其可也。"诚信是一种品质，是说到做到，坚守诺言；是表里如一，实实在在。在当前经济飞速发展、信息透明的时代，只有诚信经营的企业才能够长期生存下去。

张家港中美超薄带项目是世界第四条、亚洲第一条具有世界领先技术水平的薄带铸轧生产线，这条生产线布局紧凑、安装精度高、生产工艺复杂，需要一支技术过硬的设备保产检修队伍为这套设备的正常运转保驾护航。2020年，业主经过全面考虑，要求上海二十冶负责保产。

在会议上，业主强调："这条生产线是我们的掌上明珠，薄带产品是沙钢的拳头产品，请你们务必按时完成检修！"业主的信任是一份重托，更是一种考验。

7月29日，项目部制定了详细的大修施工方案和安全专项方案，多次和业主就方案的可行性进行讨论和论证，并不断完善。

8月6日，项目部召开大修动员会，项目经理王宝山对大家说："越是困难越要上，这是公司和业主对我们的信任，有困难大家一起克服，我们一起学习、一起成长！"安全员钟伦，一个不善言谈的老同志与王宝山一起在一线奋战了20多年，两人对视一笑，心照不宣。他们知道，又要一块儿啃这根难啃的"骨头"了。钟伦说："你放心，我会保证每一个队员的安全。"

8月7日，前期准备工作已经紧锣密鼓地开展，王宝山对各检修区域进行大修项目分工、方案交底。

8月8日5点30分，随着最后一包钢水浇完，整个铸轧线按照计划停机，以待大修开始。6 点 15 分，全体参与大修的 30 名员工早早到达车间大修现场，经过短暂的作业前安全交底，分组进行签字确认、断能、挂牌。随着大修作业手续的完成，一场经过两个多月精心准备的年度大修即将有条不紊地开始。

走进车间，地面上锤子的敲击声、管道的切割声、焊接的嗤嗤声、空中行车吊装的警报声，声声入耳，仿佛演奏着的交响乐章。

8 月 13 日，检修工作进入最后攻坚阶段。大修过程中，发现 2 号热箱由于长期高温，已出现变形、渗水及腐蚀现象，这导致 2 号热箱内的测厚仪小车不能顺滑行驶，会造成检测误差。而测厚仪是保证产品质量的重要环节，微小的数据差都会给产品质量带来致命的损害。这次大修并没有制定这项检修任务，要处理测厚仪就必须拆除 2 号热箱，2 号热箱框架处于行车吊不到的区域，许多关联的设备需要拆除，四周管路密布，工作量巨大，作业空间狭小，属于半密闭式空间，存在一定的危险性，而业主预定的检修时间不多了，怎么办？

"不能让一台设备带病运行，困难再多，我们也要按时坚决打赢此次大修攻坚战。"王宝山语气坚定地说道。经过反复勘察现场、测量数据、实验、修改，最终利用管廊与设备之间的空隙制作出专用支架及专用吊具，顺利吊出密封框架，保证了处理测厚仪的作业空间，同时对已经变形、腐蚀的 2 号热箱进行了技术修复。

但是马上又发现一个难题，在测厚仪小车轨道内有冷钢，不清除掉则会影响测厚仪精度，然而空间狭小，检修人员根本无法进入。经过讨论，队员们决定拆除 1 号夹送辊，可是夹送辊设备复杂，关联设备多，难度亦是不少。困难虽多，但队员们丝毫没有退缩，个个干劲十足，拆除液压油管并做好标记，利用支架和手拉葫芦将辊道拆除，即便如此，检修人员也只能从夹送辊入口爬进去，作业空间只能容纳一人，检修人员蜷缩在狭窄闷热的热箱内，一点点地抠出 V 型滑轨内的块块冷钢，如同雕琢一件艺术品，真是"螺蛳壳里做道场"啊。终于，全体队员们凭着顽强的意志和过硬的技术，经过 15 个小时的连续作业，顺利解决了测厚仪的问题。

正在进行的检修工作

　　8月14日中午，单体调试完成。8月15日15点25分，设备正式上钢水，平整的铸轧钢带顺利进入卷取机，标志着本次大修任务圆满完成，比业主方制定的时间点足足提前了27个小时。

　　经过项目部全体人员的不懈努力，一个又一个难题被攻克，保证了超薄带设备的正常运转和产品质量，满足了业主要求。这就是冶建人，始终以精益求精的工作态度践行"选择二十冶就是选择放心"的责任理念，真正做到"言必行，行必果"，向业主交出一份满意的答卷。

诚信市场人　共筑企业魂

工程技术公司　全　瞿

　　鲁迅先生说过："伟大人格的素质，重要的是一个诚字。"丢失诚信，很快就会失去朋友、工作伙伴，之后迷失自我，孤独而终。诚信是人的第二张名片，欲做事，先做人，唯有诚信做人，方可诚信做事。

　　人无信不立，企业无信不兴。诚信也是一家企业的生存根本，是维系市场秩序和可持续发展的重要条件之一。在市场营销中，诚信发挥着重要作用，是企业发展的基本准则。随着国内市场竞争的白热化，诚信日益成为市场营销的一种宝贵资源，企业只有大力开展诚信营销才能获得持久的发展。

工程技术公司市场部全体人员合影

中国二十冶成立近50年，能在历史发展的潮流中屹立不倒、独树一帜，诚信做事是关键因素之一。工程技术公司市场部的成员们不忘初心，秉持诚信做事的理念，以实际行动证明——只有将诚信融入到工作的每时每刻、点点滴滴，不要因为失信行为而影响整个团队的运作，才有利于部门的发展、企业的建设。

1月初，工程技术公司市场部负责人将以联合体投标的合作公司项目负责人邀请到公司商量商务标成本造价控制事宜。由于投标截止日期临近，合作公司负责的建筑设计方案还未最终确定下来，所以负责成本的部门成员无法准确计算出建筑材料的用量及价格。此外，咨询材料价格的周期较长，如果有所耽误，恐怕无法在投标截止日期前完成投标。任何一项工作的耽误，将会直接导致投标工作无法正常进行。合作公司负责人提议，按照以往投标经验输入价格，虽然这样做会导致成本偏高，但是能顺利完成投标工作。

就这项提议，工程技术公司市场部负责人发表意见："成本控制是此次投标的关键点之一，如果一味地以经验说话，不实事求是地去考察材料与价格，只考虑自己的利益，其实是对我们自己的不负责，也会失去业主的信任，那么以后的工作就无法继续开展，在行业内失去信誉的话，我们将难有一席之地。不管时间多紧迫，一定要将工作落到实处，不得有一丝作假或虚报。"最终，工程技术公司市场部相关人员向外发出数十张针对材料和施工成本价格的询价单，经过数个日夜加班加点工作，将成本造价清单完成，也顺利在截止日期前完成投标任务。

这件事让市场部人员意识到投标是一件非常严肃的事情，他们所做的每一项工作、填写的每一个数据都会牵扯部门和公司的利益。所以，在今后的投标工作中，部门人员也会时刻提醒自己，一定要保证每一项内容都真实可靠，向部门负责人严谨的工作态度看齐。

最近，市场部接到一个较特殊的项目——凤庭（奎文区仇家棚户区改造）二期。由于招标代理机构的原因导致投标多次延期，在最后一次的补充文件发出后，距离开标日期已经不足一周。可是招标清单编制依旧出现问题，直接给市场部的投标工作带来重大影响。面对要在短短几天时间内完成一个工程量清单编制的繁重任务，部门员工与业主、招标代理进行多方面沟通，但业主表示招标不能延期、希望能克服困难，部门全体员工急业主所急、想业主所想，辗转于沪、鲁、皖各地，各司其职，有条不紊。大家没有一个人离开工作岗位，熬了多个通宵，困了就在办公桌上趴一会儿，饿了吃一碗泡面，没有一个人叫苦叫累。最终，市场部信守承诺，按期且高质量地完成本次投标工作。

2021年1月19日，当电脑上显示开标解密成功后，大家的心情五味杂陈，看着彼此的黑眼圈，还互相调侃彼此的"烟熏妆"。大家做到了诚实、守信、团结、担当，是一支能打硬仗、打胜仗的队伍。

诚信的力量可以排山倒海，诚信的力量可以众志成城。只有诚信做人，才能够把工作做好，把自己的生活也经营好，严于律己、诚信为本，共筑企业发展的美好前景。

技术攻关解难题　诚信履约提内核

上海二十冶　王嘉怡

　　"刚接到业主的电话，他们需要提前生产，让我们必须解决耐材运输的问题，耐材问题不解决，我们工期完不成啊……"电话那头，传来四高炉热风炉在线改造项目经理急切的声音，这头的劳模创新工作室领头人眉头紧锁。

　　热风炉在线改造时，耐材的垂直运输难度远大于新建工程。热风炉投运后，炉内温度高达 1 300 摄氏度，如果使用传统的炉壳开孔法运输，开孔后焊接部位在高温下易金属疲劳，引起局部过热并造成炉壳损伤，使开孔部位在运行过程中存在安全隐患。为规避这个隐患，需要技术团队技术创新，实现"炉壳不开孔"的耐材快速进料。为此，项目部与公司劳模创新工作室的成员们已进行了多轮的方案讨论，但仍然没有达成共识。

　　技术攻关尚未有眉目，工期又要提前。项目经理放下手中的图纸，又一次带着技术员们进入施工现场进行测量，试图换个角度再捕捉灵感。

　　初冬的夜晚，寒风已然有些刺骨。另一端的劳模创新工作室内，大家却热火朝天地争论着，从现场回到工作室的项目技术团队成员与创新工作室的成员对耐材快速进料技术方案仍有分歧。

　　项目经理说："现在的方案，人力物资消耗都太多，成本太高了。"

　　"项目的经济性是一方面，但这是在线改造项目，安全性是首要考虑的，现在的方案从运行上来说是最安全的。"劳模创新工作室领头人并不赞同"成本优先原则"。

项目经理（右一）与技术创新带头人讨论方案

　　通过查阅资料，运用 BIM 技术进行建模，最终形成两种安全性高、成本低的进料方法。一是运用"拱顶平台轨道＋运输小车"，在拱顶联络管平台铺设运行轨道，在蓄热室和燃烧室内各设置一个卸料平台，利用炉壳安装塔吊将耐材运输小车吊运至转盘上，通过运行轨道移动至卸料平台上方，利用辅助卷扬机吊住耐材沿卸料平台运输至各层平台；二是运用"拱顶吊架＋提升装置"，在球顶安装吊架、横向轨道梁和提升装置，耐材在地面通过塔吊提升至运输转盘，再通过提升装置下放耐材至卸料平台内砌筑面，实现耐材的垂直运输。

　　两种方案各有优缺点，在实操性方面始终不能做最后决定。"实践是检验真理的唯一标准。明天就要确定方案施工了，再去现场实地勘察一遍吧。"项目经理拍板决定。

　　在冬日的寒风中，一行人又一次驱车赶往施工现场，勘察、测量、核对、模拟……最终确定了运用"拱顶平台轨道＋运输小车"的进料方法，实现了炉壳零开孔下实现大于 5 000 吨耐材的快速高效运输，避免了炉壳开孔的安全风险。从会议室里走出来已是天将破晓，项目经理长舒了一口气，又打开了微信，传送方案，让项目人员做好耐材进料准备。

　　技术创新的成功攻关，为确保项目工期奠定了基础，为公司诚信履约起到了至关重要的作用。公司成立劳模创新工作室，发挥传帮带作用，不断加大技术攻关力度，科技创新实力不断增强，关键技术实现多项突破，切实增强了企业的核心竞争力，从多方面助力企业发展升级。"重承诺、守信用"一直是上海二十冶赢得业主赞誉、保持持续发展、成就冶金建设国家队的重要精神法宝。一个个攻关、一件件成就展现出的"技术创新"和"诚信履约"双内核，才是企业稳健发展的必胜之路。

酒香浸润"放心"丰碑

上海二十冶　徐　富

　　香气扑鼻，沁人心脾。伴随着贵酒老厂房里传来的阵阵酒香味儿，上海二十冶贵州公司贵酒集团 607/608 酿酒厂房项目的中冶好儿郎正在为擦亮中国二十冶的"放心"名片奋力拼搏，攻坚战斗。

　　2020 年 4 月 29 日，上海二十冶贵州公司中标贵酒集团 607/608 酿酒厂房项目。项目的承建是分公司深植区域，强化融合的全新成果，也是"开疆拓土""再树丰碑"的完美契机。

贵州贵酒项目建成效果图

贵州省作为中国酒文化发源地之一，有着丰富多彩的酒礼酒俗，"端午制曲、重阳下沙"，外行人只知这是一句有趣的俗语，但对贵酒项目参建人员来说，这可是他们必须实现的时间节点。以一年为期，端午制曲、重阳下沙、九次蒸煮、八次发酵、七次取酒是酿酒生产工艺的特点，其中最重要的时间节点就是端午制曲与重阳下沙。要实现重阳下沙目标，项目在工期上完全没有退路。在按期完成项目节点的同时，打造精品工程，持续推进酒文化相关领域项目的落地，是项目建设遇到的实实在在的"难题"。

"从入驻工地的那一刻起就已经进入了工期倒计时，剩下的每一天都是一场硬仗。"周翊在担任贵州贵酒项目经理职务的那一刻起，已感受到了这块"硬骨头"的"厉害"。

2020 年 5 月 13 日，周翊接到两天后举行开工仪式的通知。此时项目管理人员还未配齐，作业人员还未入场，现场百废待兴。"再难也不能打退堂鼓，勇往直前才是我们中冶人的真实作风。"在项目经理的带领下，项目先到岗的三名管理人员以昂扬斗志全身心投入到准备工作中，带领几名工人经过一天一夜的奋战，现场大门、图牌、围挡拔地而起，环境卫生干净整洁，初步具备开工要求。2020 年 5 月 15 日，开工仪式如期举行。一场"撸起袖子加油干"的攻坚战正式打响。

贵酒集团 607/608 酿酒厂房项目总建筑面积约 9 072 平方米，主厂房为排架结构，附房为框架结构。厂房预制屋面梁最大跨度达 15 米，钢行车梁跨度达 6 米。预制屋面板采用的是比国标标准 3 厘米尺寸更大、承载力更好的 4 厘米厚屋面板，这就使得后期吊装难度更大。

作为贵州公司首个装配式排架结构酒厂项目，可借鉴的"前人"经验少之又少，为了不延误工期，尽快攻克吊装难题成为项目参建人员需要解决的又一个"棘手"难题。

"约 8 吨重的预制屋面板，要在空中完成对接、安装，吊装工具得比人的双手还要灵巧，下落安装和吻合误差不能超过 2 毫米，一旦出现失误，发生碰撞，不仅容易造成安全事故，还会延误工期。"这个重担落在了初次担任技术负责人的吴龙镇肩上。

针对预制构件多、吊装难度大等困难，项目技术部进行了预制构件整体深化设计，针对性地编制了预制构件制作、吊装等施工方案。

吴龙镇说："我们在安装前对预制屋面板进行了现场拼装，拼装完成经检查合格后进行吊装及安装工作。吊装中容易出现问题的地方都提前做了预案，吊装的装置从大到小逐步更换，不断适应吊装进度。"

同时，项目挑选经验丰富的班组进行现场作业，通过对结构、装置、控制进行反复优化，不断协调，施工场地、消防设施、施工设备、主要材料、机具及作业人员等，满足了吊装要求，项目如期完成了608厂房预制屋面板吊装任务，为完成整体目标奠定了坚实基础。

2020年10月，在全体参建人员不等、不退、不靠、不畏的攻坚下，贵州贵酒集团有限公司酱香白酒二期生产项目——607/608酿酒厂房正式具备"下沙"条件。与此同时，9月29日，贵州公司"喜提"贵酒二期607/608厂房周边市政工程，向全面落实"以现场赢市场"的战略举措迈出了重要一步。

"酒香不怕巷子深""陈窖一开香千里"。中冶儿郎又一次用"不信东风唤不回"的担当精神、"敢教日月换新天"的奋斗精神和"咬定青山不放松"的攻坚精神，将黔地酒香浸润进了中国二十冶铸就的"放心"丰碑中。

诚信建设行万里

广东二十冶　李　顺

"人而无信，不知其可也，企亦然。诚信，是中华民族的传统美德，也是社会主义核心价值观的重要内容之一。稚嫩的孩童或许道不出其中蕴含的深刻道理，但是诚信做人的信念却早已随着'拉钩上吊一百年不许变'的可爱承诺深深地印在脑海里。"这是广东二十冶粤澳合作中医药科技产业园项目党支部书记、项目负责人郝非在项目全员大会上说过的一段话。

以诚信筑基建百年工程，方可行万里。项目部从承接粤澳合作中医药科技产业园第一个地基处理施工工程项目开始，便凭借着精益求精和抱诚守真的实干态度，在安全、质量、文明施工管理各方面开拓进取，克服了地质环境等多重困难，按节点目标完成施工任务，向业主展现二十冶人的履约精神。为此，项目部得到了业主的高度认可，后期陆续拿下了市政工程、检测大楼（RD8）、GMP 中试大楼（RD9）、供冷换热站第一期工程 EPC 总承包、主题文化街（北区）基坑支护及桩基工程施工承包等 8 个项目。

唯天下至诚，为能尽其性。面对突然暴发的新冠肺炎疫情，项目部以快速的防疫反应、严谨的防疫措施，成为粤澳合作中医药科技产业园的第一家复工企业。在疫情初期，项目部班子成员便通过电话会议紧急部署防疫工作，成立"疫情防控领导小组"，从统筹协调、疫情监控、后勤保障、信息收集等方面划分工作模块，多方采购和动态支配防疫物资资源，加大与公司机关防疫指挥部门及横琴新区政府防疫机构的对接联通力度，做到管控机制、防疫物资、党建服务、宣传培训、人力保障

粤澳合作中医药科技产业园项目俯瞰图

五个到位。在确定防疫措施完善、防疫物资充足、人员健康到岗后，便加快施工进度，追赶工期，实现"一手抓疫情防控，一手抓复工复产"的双赢目标。

加强诚信建设，提升企业社会形象。粤澳合作中医药科技产业园项目党支部，坚持贯彻落实习近平总书记系列重要讲话精神，把诚信建设作为全员性精神文明宣传的重要内容之一，不断增强在职人员的诚信理念、规则意识、契约精神，努力打造不敢失信、不能失信、不愿失信的项目环境，培育党员们以践行社会主义核心价值观为根本，加强社会信用体系建设为基础，以褒扬诚信、惩戒失信为重点，着力营造讲诚实、守信用的项目环境，切实提升中国二十冶在全社会的诚信口碑。

中国二十冶在粤港澳大湾区数十年的诚信经营书写了企业传奇，粤澳合作中医药科技产业园项目部将继续以工匠精神铸就诚信金字招牌，感恩回馈社会，以实际行动诠释"一诺千金"的价值准则，展现新时代央企重信守诺、信誉至上的精神风貌。

"小事"见格局　诚信显担当

上海二十冶　关　关　付光耀

一个以民为本的诺言，又是如何在高标准的管理下实现？事情还要从 2020 年 8 月中旬的一句"我答应"说起。

答应还是不答应

2020 年国庆前，国内疫情初步平稳，专家预测出行人流、车流将大幅上升。

与中国二十冶衡阳高新区科技创新基地二期建设项目（简称高新衡阳基地项目）一路之隔的某大型商业广场 9 月即将开业，预估人流量每日可达 3～5 万人次，自驾车也将大大超出商场自带停车场的承受范围。

项目人员检查施工质量

2020 年 8 月中旬，作为这两个项目共同业主的衡阳高投（集团）有限公司与高新衡阳基地项目商议了一桩"小事"。为了区域发展和节假日期间市民出行便捷，缓解商场停车场压力，减少出行安全隐患，可否抢工并开放地下停车场？

答应？可地下停车场施工面积广，施工工序复杂，多专业交叉作业，工期紧、任务重、安全管控压力大，当时地下停车场正处于墙顶面腻子批涂、消防水电及地面砼浇筑穿插施工阶段，原计划地下停车场是在最后阶段收尾施工，约于 12 月中旬完工……

不答应？国庆期间周围道路可预见的拥堵将会造成出行难、停车难的问题，极大地影响群众出行体验……

提议一经提出，高新衡阳基地项目的项目经理谢长兵迅速召开管理人员会议，进行内部讨论。大家知道情况后，七嘴八舌讨论起来，有人不赞同，理由是本就紧张的工期会显得更紧张，要安排人手去专门负责停车场的集中施工；有人提出在安全上并无万无一失的把握，就算是达到可以出入车辆的程度，可是，灯光、标识等能否按期施工完毕，还是未知数；有人干脆说，多一事不如少一事算了。

谢长兵默默地听着大家的讨论，直到讨论的声音越来越小，最后大家都看着他。他扶了扶眼镜，目光如炬，指了指就在身侧挂着的效果图说道："我们修的是什么？"

"衡阳高新科创基地啊。"几个声音在抢答。

"我们为什么修它？"

……

"不就是为了人民群众更美好的生活嘛。我刚才听了一下，你们都是担心，而不是说不可能。黄义，你说一下可能性。"

项目总工程师黄义在略有些凝重的气氛中，清了清嗓，道："主体结构已经通过安全验收，按照我们目前的进展，只要合理规划工期，安排专人督促，凭着我们项目部一年多在一起工作的默契度和分包队伍的磨合程度，在 9 月底之前达到停车标准是可以实现的。"

"好。同事们，古人说急人之所急，我们是央企，这个担当，我们还是有的！既然可以实现，24 小时内拿出方案。有异议吗？"谢长兵大声问道。

"没有！"所有人异口同声地回答。

"能不能做到？"

"能！"高新衡阳基地项目部十几个男子汉齐声答道。

撸起袖子加油干

16 小时内，项目总工程师拿出了工期计划。

20 小时内，项目副经理拿出了工期保证措施。

24 小时内，谢长兵将方案汇报上海二十冶华中分公司。总经理李猛马上召开紧急会议，经过专业商讨，同意施工方案，暂借停车场。

24 小时后，高新衡阳基地项目部拉开了抢修地下停车场工期的序幕！

在原本密集的协调会议中增加停车场协调会议，精心组织、合理安排工序，对不同专业、不同工序进行分区施工，全体员工在保证正常施工的情况下，对停车场的事儿都特别上心。

8～9 月，正是伏天，雨水多，湿度大，高新衡阳基地项目并没有因此放弃，怀着责任心，一次又一次迎难而上，彩条布封闭地下停车场顶板漏水口、督促增加施工人数、合理安排夜间施工……多项措施拼抢工期，这其中的辛苦和繁忙难以用文字一一表述。同时，为保证车辆顺利进入停车场，项目部于停车场坡道入口进行了临时道路硬化施工，并与一期项目沟通，确定了车辆出入口方向。

9 月 26 日，有 500 余个车位约 6 000 余平方米的停车场就这样抢修出来了。

宽敞的停车场、规范的标线……一切都让人赏心悦目，让人满意。高新衡阳基地项目的员工们看了之后，都露出了欣慰的笑容。

9 月 28 日，为确保市民的安全，高新衡阳基地项目部再次召开会

项目部管理人员现场查看施工图

议，针对地下停车场洞口防护、照明情况、引路标志等再次讨论出了一系列解决措施，安排专人负责监督。会议结束当天，项目部详细排查停车场，确保不遗漏一处安全隐患，并提前规划了停车场使用路线，同时定制了指引广告牌。

9月29日，项目部安排作业人员进行洞口的封堵，一天之内使用定制化防护对门洞、窗口以及未施工完成的区域进行防护。项目管理人员对这些细节进行跟踪并检查到位，自发进行停车路线沿路引路标志牌的粘贴，规范行车路线，确保市民安全使用停车场。

9月30日下午，项目部本着要做就要做到最好的原则，再次安排专人进行巡查，将未摆放到位的防护及指示牌一一摆放到位，确保安全防护及引路指示牌摆放到位。

圆满完成任务

10月1日早7点，项目部多名管理人员放弃假期休息，配合商场管理人员对进入停车场的市民进行指引，保证市民有序进入停车场停车。通过项目部管理人员的指引，顺利解决了停车的难题，有效缓解了假期期间商场的停车压力。这件事也向民众展现了二十冶人有作为、有担当的央企人风采。

"我答应"不仅仅是态度，更是对项目管理水平和施工水准胸有成竹的表现，是对人民群众的高度负责。高新衡阳基地项目此举得到了业主方衡阳高投（集团）有限公司的高度肯定和赞扬，高新衡阳基地项目部在后续施工过程中将继续努力、日夜兼程，在保质保量保安全的前提下，竭尽全力推进施工进度，顺利完成施工任务，为城市建设交上一份满意的答卷。

内诚于己　外信于人

北方公司　聂爱平

　　诚信是高山之巅的水，能够抚平躁动，洗尽虚诈，留下启悟心灵的真谛；诚信是迎面而来的春风，能够吹散浮华，唤醒良善，拂去心中的迷雾；诚信是九天之上的骄阳，能够驱除黑暗，温暖人心，让世界充满美好与希望。

　　诚信，作为中华民族的传统美德，历经数千年的传承后仍然光彩依旧。"诚"即诚实真诚、实事求是、尊重事实；"信"则是信守承诺、一言九鼎。从小，家长老师就一直教导我们，做一个诚实守信的好孩子。长大后，随着一次又一次的"实践"，也越来越明白了作为社会主义核心价值观之一——"诚信"的重要性。毕业后幸运地加入了中国二十冶，我坚信这是一个勇于担当、诚信为本的企业。在公司经过短暂培训后便来到了项目部！

　　时间过得飞快，项目也已从刚开始的基槽开挖进行到现在的主体结构。公司及项目部各级领导每次开会都会着重强调质量问题，项目部固定日常巡检、组织周质量检查及领导带班检查等，严格落实三级检查验收制度。对于质量问题都是抓严、抓细，完全按图纸施工、按规范施工，绝不偷工减料，"百年大计，质量第一"在此便是很好的体现。由此，项城市邝庄社区棚户区改造项目经常有各级政府领导参观考察。

　　孔子说："人而无信，不知其可也。"一个人如果没有诚信，即使有再高的才华，都不会被认可、肯定，终会无法立足于社会。同样，"事无信不成，商无信不兴。"任何一个人、一个组织、一个企业，如果仅靠偷奸耍滑、尔虞我诈发展，短时间可能会取得一些成绩，但终究无法

成就长久的大事业，且一旦
暴露，迎接他们的将是万劫
不复！所以，诚信是人与
人、企业与企业之间交往必
不可少的品质，是连接友谊
的桥梁。社会关系需要诚信
的阳光普照，只有这样才能
带来勃勃生机和欣欣向荣的
景象。

我很荣幸加入了中国二
十冶的大家庭，这是个以诚
对待员工、以诚对待工作、
以诚对待业主的诚信企业，
公司上下皆贯彻着"选择二
十冶就是选择放心"这一厚
重朴实的责任理念。国庆期
间，集团公司召开会议，会
议着重提及要大兴"诚信之

检查用料质量，不偷工减料，保证工程质量

风、契约之风、实干之风、学习之风"。作为公司的一员，我们必须积
极响应——内诚于己、外信于人，做一个脚踏实地、诚实守信的人。如
果一家公司的员工都是如此，那公司必然会是一家诚信的企业，只有这
样的企业，才能乘风破浪、披荆斩棘、无所畏惧，从而不断开疆拓土，
创造一个又一个辉煌！

让我们从现在开始，所有人都行动起来，以诚信为本，做诚信之
人。说老实话，办实在事，诚实守信，共引诚信之水，浇灌最珍贵的诚
信之花。

诚德铸造品牌

浙江二十冶　王筱恬

儒家有言："人无信，不知其可也。"

曾子不欺子的故事相信大家都听说过。曾子夫人上集市，他的儿子哭闹要跟着去。他的母亲对他说："你先回家，待会儿我回来杀猪给你吃。"她刚从集市上回来，曾子就要去杀猪。她劝止道："只不过是跟孩子开玩笑罢了。"曾子说："可不能跟孩子开玩笑啊！小孩子没有思考和判断能力，会向父母学习，听从父母的教导。现在你欺骗儿子，等于教儿子欺骗别人。母亲欺骗儿子，儿子就不再相信自己的母亲了，这不是正确的教育方法。"于是曾子便杀了猪，煮肉给孩子吃。

家庭如此，企业亦然。企业秉持诚信经营之道的必要性不仅是对内，还包括对外。企业对内的诚信，体现在取信于员工，切实按照与员工的约定履行义务，增强企业凝聚力，这样的企业才拥有持续发展应具备的稳定根基。企业对外的诚信，体现在依法依规经营和纳税，取信于客户，取信于国家。这样会更有助于企业创建自身独特品牌，发挥品牌效应，才能在市场上打牢根基，立于不败之地。

在浙江二十冶马口产业园项目经理部，到处闪烁着诚信的光芒，不论是对待自己的工作，还是对待分包、业主，项目部全体人员都能做到诚实守信、一诺千金。

对待每一家分包单位，项目部都严格按照合同付款条件履行合同义务。项目部在力所能及的情况下，不拖欠分包进度款，当确实遇到付款困难时，也会及时与分包商沟通协调，或者采取其他方式兑现承诺，这让所有合作过的分包单位都对项目部充满信任。在出现进度款无法及时

兑现的情况下，愿意继续坚守在施工现场，相互理解、相互信任。这是企业用诚信换取的结果，是用实际行动践行的"选择二十冶就是选择放心"的责任理念。

另一方面，在工程技术部、安全环保部对施工现场质量、安全的把控上，多家分包单位同时施工，人员复杂，各单位间的协调配合与沟通有时会出现不到位的情况，会出现大大小小施工质量、安全问题。工程技术部每天都能及时发现问题、反馈问题，并督促整改，很大程度上确保了工程质量。一个项目的圆满完成，安全问题不容忽视。尤其是在新冠疫情防控期间，项目部更是把"生命至上"放在了安全的第一位，"爱人利物之谓仁"，疫情无情人有情。作为央企，更是初心不改，主动担当，严格做到疫情防控和复工达产"两手抓两手硬"，认真对待每一个细节的管理，防患于未然。

　　诚信是现代企业安身立命之本，只有打造好市场经济的"通行证"，才能在国内和国际市场上立足。现代企业的竞争是提升质量和抢占市场的竞争，也是服务和诚信的竞争，只有以诚信待人，以质量服人，企业才能真正赢得声誉、树立品牌、铸就辉煌。诚德铸造品牌，信誉开辟市场，愿二十冶人秉持诚信经营之道，使企业在高质量的发展道路上蒸蒸日上，创造辉煌。

诚信守约，肩负央企使命

墨子云："言不信者，行不果。"意为说话不讲信用的人，做事不会有成果。对人如此，对企业亦如此。中国二十冶潍坊凤庭（奎文区棚户区改造）项目，就依靠公司支持和诚信担当，被当地社区及合作社评为"诚信合作单位"。

走进奎文区凤庭棚户改造项目办公室，映入眼帘的就是张贴在墙上的"诚信合作单位"锦旗。项目经理何祖勇说："项目部要代表公司在当地扎根、长远发展，离不开'诚信'二字，因此，我们将这面锦旗悬挂在显眼处，既是对过往成绩的阶段性肯定，也是激励项目部全体成员始终要秉承'诚信为本'的宗旨，为社会、为公司，亦是为自己创造价值。"从2018年成立项目部进驻潍坊至今，凤庭（奎文区棚户区改造）项目部走过两年多岁月，始终秉持对诚信的执着与坚守，保质保量完成工程节点及任务，承包的一期项目胜利收尾，二期项目亦成功中标，奋力大干。

对企业而言，诚实履行合同，是考验企业诚信的关键。无论面临何种困难，凤庭（奎文区棚户区改造）项目部始终严格按照合同执行，履行合同义务。

2018年，项目部积极配合当地政府、社区做好工程场地开辟工作，通力协调现场临水、临电、施工污染、施工噪音等问题，水资源三级循环利用，扬尘、噪声实时监控，避开作息时间施工等措施，把讲诚信、负责任的中国二十冶央企良好形象牢牢地树立在当地群众的心中。

凤庭（奎文区棚户区改造）项目部人员合影

2019 年，特大台风"利奇马"影响潍坊，项目部事前做好施工人员疏散安排，加强抗风、降排水工作。事中停止现场施工并轮班值守，事后配合公司做好复工检查，加强降排水举措，有效降低了特大台风对项目的影响，使项目尽快恢复到正常施工阶段。

2020 年，新冠疫情骤然暴发，项目部迅速响应当地政府号召，主要管理人员快速反应，抵达潍坊制定工程防疫方案及制度，落实开展防疫措施。防疫区域划分、进出场严格登记隔离、定期消毒、加强防疫知识教育等工作有条不紊地进行，在施工现场无一例确诊病例的前提下尽快复工，抢回工程进度节点。

此外，由于受潍坊当地政府环境保护、扬尘治理政策影响，工程扬尘治理检查标准极高且细致，并时常在冬季发布强制停工令。对此特殊情况，项目部制定并严格落实"扬尘治理六个百分百"管理制度，即施工工地周边 100%围挡、现场裸土 100%覆盖、渣土和散流体运输车辆 100%封闭、出入车辆 100%冲洗、视频监控和扬尘监测 100%安装、土方开挖 100%湿法作业。在塔吊、护栏、围挡等处安装喷淋系统，确保 100%无扬尘，营造绿色文明工地。同时，在正常施工中合理安排工序穿插、工序衔接，抓紧完成工程进度节点的每一分每一秒，切实践行央企的诚信担当。

"诚信是无价的，通过我们项目部的一系列举措，克服各种不利条件，顺利履行合同，以优质服务满足客户需求，达成了我们'以诚信立足，以战场保市场'的构想。"项目经理何祖勇说道。

企业的诚信包括方方面面，严格遵守合同、保质保量完成工程、依法上缴利税、监督如期发放农民工工资等，均是诚信的体现。凤庭（奎文区棚户区改造）项目部将继续秉承一颗诚实守信的心，担好代表中国二十冶央企的那一份责任和使命，在齐鲁大地闯出一片新天地。

面对疫情的诺言

上海二十冶　蔡卫平　于　浩

　　2020年新年伊始，受疫情影响，复工复产推迟，湛江钢铁A型料场龙腾输入系统改造工程"3.30"能否顺利投产？让很多人心里都打上了问号。

　　2020年3月21日，龙腾输入系统改造设备终于到齐，此时距离"3.30"目标节点仅剩九天。合同就是承诺，工期事关诚信。面对艰巨的任务，项目全体员工庄严宣誓：保证"3.30"顺利投产！所有参建人员发扬"力保后墙不倒"的精神，以"5＋2"和"白＋黑"的工作模式忘我地加班加点，爆发出惊人的战斗力。

项目部青年突击队

3月30日，龙腾输入系统改造工程安全、优质、高效、顺利投产，这是疫情期间整个湛江钢铁第一个如期投产的工程，也是2020年上海二十冶向湛江钢铁递交的第一份优秀诚信答卷，对后续工程施工起到极大的鼓舞作用。

项目全体人员始终坚持"选择二十冶就是选择放心"的责任理念，从确保施工质量、提升服务品质、坚持诚信经营、树立企业形象四个方面全面展开诚信建设。"3.30"目标节点完成后，"6.30"目标节点粉墨登场。项目部科学组织，提前处理图纸问题，积极主动与业主、设计、监理及其他专业施工队伍协调，逐一克服困难。为积极响应公司"确保时间过半，完成任务过半"的号召，项目部成立"青年突击队"、开展"劳动竞赛"等多项抢工期举措，明确目标，强化责任，靠前指挥，狠抓落实，确保工程质量、进度、安全处于受控状态。

4月27日，3ST堆料机尾车最后一部分主体结构吊装就位，标志着湛江钢铁A型料场封闭改造工程首台利旧堆料机主体结构顺利安装完成。

6月30日，A型料场封闭改造工程B3料场输入系统成功受料。后期几乎每天完成一个重大节点，在湛江钢铁A型料场封闭改造工程B3料场输入系统建设过程中，项目部克服设备安装技术难度大、现场灰尘多、利旧设备保护性拆除及转场倒运风险高、交叉作业多、个别场地受限等重重困难，充分发扬"一天也不耽误，一天也不懈怠"的中冶精神，贯彻执行公司"三全"管理理念，认真践行契约精神，努力实现自己的诺言。

7月15日12点15分，湛江钢铁A型料场封闭改造工程B3料场8SR堆取料机及配套皮带机系统负荷试车成功，标志着B3料场输入输出系统贯通。

11月15日9点18分，湛江钢铁A型料场封闭改造工程B3料场9SR堆取料机及配套皮带机系统负荷试车成功，标志着B3料场输入输出系统设备安装工程全面竣工。

受前期疫情影响，设备安装和调试的时间非常紧张，为确保工程节点，项目部先后成立"7.15 试车小组"和"11.15 试车小组"，积极与项目组、设计院及设备厂家等相关方合作，所有工作均按计划稳步向前推进。B3 料场 8SR 堆取料机 6 月 9 日开始进场安装，7 月 15 日正式投运。9SR 堆取料机 10 月 10 日开始安装，11 月 15 日正式投运。两台堆取料机均仅仅用时 37 天，比以往提前 53 天，大大刷新了历史记录，创造了惊人的"湛钢速度"。

　　自湛江钢铁 A 型料场封闭改造工程开工建设以来，2020 年"3.30""6.30""7.15""11.15"四大工程节点均按计划如期完成，全体参战人员用实际行动展示了上海二十冶诚实守信的企业形象。项目部在历次的湛江钢铁工程建设中均出色完成任务，所承建的工程四次获得"全国冶金行业优质工程奖"，三次获得上海市优质安装工程"申安杯"奖，两次获得中国安装工程优质奖"中国安装之星"。项目的成功既是荣誉，也是责任。二十冶人将继续不忘初心、砥砺前行、完美履约，迎接新的挑战！

一言九鼎五冷轧

安装公司　董雪松

　　宝钢五冷轧带钢Ⅰ期工程于 2006 年 1 月 20 日开工，2009 年 6 月 8 日竣工，共有 256 个单位工程。经宝钢监督站核检，优良工程 241 个，优良率 94.1%，主体工程质量全部优良，2011 年喜获"鲁班奖"。

　　项目精细化管理制度的制定和执行及施工人员的到岗到责，有力保障了精品工程的打造。项目管理的人性化、精细化和科学化反映在工程推进的全过程、全周期、全维度。在维护职工权益，特别是外协农民工的权益上，做到了方法上行之有效，承诺上一言九鼎。

五冷轧项目与外协人员民主座谈会

　　2006 年 5 月，项目经理部建立了维权工作办公室。项目党工委书记和主管安全保卫工作的副经理分别任项目维权工作代表，各专业项目部也指定专人负责日常工作，在工地设置了"中国二十冶宝钢五冷轧工程维护职工正当权益联系告知牌"，正式向所有参建队伍庄严承诺：在五冷轧工地绝不允许发生一起损害职工（外协工）权益的事！

2006年底，五冷轧项目部就工程结算召开专门会议，要求各单位切实保障工程款结算的有效运行，确保元旦、春节期间外协施工单位工程款正常支付，切实保障职工，特别是农民工的权益。项目经理李长江多次明确指出：做好外协单位工程款拨付工作，各单位项目经理是第一责任人，要有预案和措施，坚决保障农民工权益。

2007年初，项目经理部召开专门会议，要求各单位认真落实工程款拨付工作，监督外协单位年前将工资发放到农民工手中。项目经理部摸清了承包单位及外协队伍工程款支付缺口及主要原因，对因材料占用、报量滞后等原因在春节前集中支付外协单位工程款有一定困难的分公司采取其他方式尽力解决。

对个别单位外协队伍因一时资金紧张、农民工返乡购买车票困难问题，采取借支等措施，保证其及时购票返乡。

在项目推进的三年期间未发生一起农民工上访讨薪事件，未发生一起因损害农民工权益而有损企业形象和声誉的事件——五冷轧说到也做到了！

保障农民工权益的方方面面，只是五冷轧各级党组织"推进凝聚力建设，服务施工生产"诸多实践中的一个方面，是中国二十冶推行"诚信之道"的一个缩影。五冷轧项目部践行"注重诚信建设不仅落实在优质工程上面，更是落实在项目推进的方方面面"的理念，使项目部赢得了优质工程和极佳社会美誉度的双丰收。

海岳尚可倾　口诺终不移

福建公司　管杰飞

子曰："人而无信，不知其可也。大车无輗，小车无軏，其何以行之哉？"它没有唐诗的盛大豪放，没有宋词的缠绵婉转，也没有元曲的跌宕悲凉，两千五百年的风霜刀剑却也未能磨灭此句箴言，只因其有着人们自古以来所赞美歌颂的美好品质，以及内心深处对诚信品质的坚守。

疫情之下　诚信可贵

2020 年初，一场疫情让世界为之一颤。春节期间，人人自封于家中，只怕给国家添麻烦。一个月后，工程才开始陆续复工。

中国二十冶大唐 5G 产业东南总部基地项目（5G 厂房）主体结构封顶

"工程上不得有任何一名新冠病毒携带者!"政府为此下达了特别的要求。可是,众所周知,项目上的工人来自五湖四海,当时中高风险地区过来的工人也不少,这也大大增加了项目的管理难度。

诚信在疫情中开始经受考验。有的商家哄抬口罩价格,只为发"国难财";有的商家出售伪劣口罩,不管不顾疫情的严重性,只为自己赚得盆满钵满;有的人定居国外不幸感染新冠肺炎却因在国外治疗费用过高,通过各种手段混入国内享受免费治疗;更有可恶者,隐瞒自己去过疫区,隐瞒自己发烧症状,四处走亲访友,接触人数少则几十,多则上千……这些荒唐的失信者实在让人瞠目结舌。

"可是再难也要克服,绝不可以任其发展,一定要把政府的要求落实到位。"项目经理克斌如是说。紧接着,项目部便整理出单独的隔离室,克斌走遍各大小药店自掏腰包购买医用口罩、医用酒精、消毒水等防疫用品,免费提供给工人,为隔离期的工人提供三餐及生活用品,并照常发放基本工资。

最终,项目以零感染开始了复工生产。而那些失信商家最终被市场监督部门处罚并取缔,那些失信者因其没有国内医保治疗还需自掏腰包,某些失信者更是违反法律而被拘留甚至判刑。

在疫情防控上,我们要高度警惕,丝毫不能松懈,并以诚信为基石夯实防控工作。

诚信在先　工程为后

2020年9月14日,中国二十冶中标莆田大唐5G产业东南总部基地项目(5G厂房)。进场时,现场刚刚打桩完毕,静载试验还未开始,场地一片杂乱,而建设单位的目标节点是要求我们于2021年1月10日前完成建筑面积20 969平方米的5G厂房封顶,这是一个工程量浩大、工期紧的任务。

在此期间,项目部诚而为人、统筹协调、精心组织,经过各参建单位的通力协作、密切配合,克服了施工工期短、施工工艺复杂、冬季施工等困难。在主体结构保质保量的前提下，于 2021 年 1 月 4 日顺利完成结构封顶，比预计封顶日期提前完成，这是各参建单位通力配合的成果，更是项目部加班加点、共同努力奋斗、以诚信为本的成果。

"人无信则不立"，正因为我们项目部重视诚信，才让建设单位重视我们项目部，推动公司于 2021 年 2 月 7 日中标莆田大唐二期项目。

李白说："海岳尚可倾，口诺终不移。"这句话非常适合工程人，我们没有能力填海挖山，但我们许下的承诺一定要努力兑现。"选择二十冶就是选择放心"绝不是一句空话，每一个字都是公司全体成员坚持诚而为人、信以待人的成果。人无信不立，国无信不兴，我们应该紧握诚信之道，打造更好的放心企业。

诚信，在路上

建筑公司　张天鼎　陈秋红

人性之美，莫过于诚；人性之贵，莫过于信。

诚信，无处不在

有一件很小的事情让我到现在都感触颇深。一天，我从项目部下班回家时，听到了项目的民工生活区一阵激烈的争吵声。忍不住驻足听了一会儿，原来是女人在埋怨自己的丈夫脑瓜子不灵活，买东西吃了亏。

事情的经过颇为简单，男人看上一件衣服，到店里讲好了价格，但是因为还有其他东西要买，拿着衣服不方便，就约定等会儿再来买。结果却发现另一家店里也有这件衣服，而且价格能便宜不少。可是男人想起自己和上家店主有约定，还是花费了较贵的钱买了上家店的衣服。

这本是一件很小的事情，却让我认为这个男人是一个值得信任的人。

我信谁？谁又信我？

回家的路上，我也回想起自己在项目上所经历的一些事情，大抵上是很难信任别人的。

我在项目技术质量口工作时间不长，但是，我已经总结出了一些"敌方"糊弄我们的把戏。

当你发现问题而且现场提出整改要求时，他们会一口答应，并表示立即整改；期限一到，马上说相关人员正在忙其他工作，完成后立即落实整改事宜；再过几天则会表示，正在购买相关材料，几天后到场；再过几天，东窗事发，面对领导的询问，则装疯卖傻地推三阻四，这件事从此不了了之……

所以，在中国二十冶领导和前辈们的指导下，我很快就学会了如何面对那些不讲诚信的"老油子"。

当项目上发现问题，立即出示纸质版的整改通知单，写明整改期限并通知相关人员签字确认。一切都有据可循，方能保证项目上的彼此诚信！

诚信，在路上

贾发波

诚应该是诚实的意思，信必然是守信的含义。

现代社会，要讲究契约精神，项目上双方的诚信都应当建立在契约关系上。我认为，双方遵守规则、重视契约，不仅是一种现代社会诚信的标志，也代表着一种更为明确的诚信。

比如建筑公司的普通员工贾发波，作为一名专职司机，他在中国二十冶工作了25年。也许是因朴实憨厚的性格，也许是长期受到中国二十冶文化的熏陶，贾发波这个英俊帅气的小伙儿深深地融入到中国二十冶项目部这个大家庭。

作为司机，贾发波无论刮风下雨，时间早晚，均能按时到达约定地点保证车辆按时出发。他家距公司 20 多公里，每天早上不到 7 点就动身，要倒两次公交车，还需要步行一段路程才能到单位，但他从未迟到过。

贾发波明白：车就是他的阵地。每天必须抽出 30 分钟时间认真检查车辆、做好记录、排查隐患，并及时维修保养。他身上具备二十冶人的无私奉献精神，孩子出生时，作为父亲可以有 15 天假期，但是贾发波为了不影响工作，主动提出放弃休假。

二十冶人的朴实、厚重、诚信、善良、敬业等诸多特质在贾发波身上得到了完美体现。这位靠谱的好司机，像成千上万个中冶人一样，没有惊天动地的壮举，只是日复一日地工作着，秉持着朴实厚重的职业道德操守，在自己的人生舞台上本色出演。

这个承诺，兑现了！

技改公司　李静

全国优秀施工企业、全国建筑百强企业、中央企业先进集体，获得鲁班奖 22 项、国家优质工程奖 31 项、省部级奖 492 项……荣誉长廊流光溢彩、熠熠生辉，铺就了二十冶人坚持"用户第一、诚信为本"的诚信之道。

想业主之所想，急业主之所急

"想业主之所想，急业主之所急，关键时刻冲得上去，危难关头豁得出来"，是二十冶人立足市场、快速发展的根本，是维护和打造企业品牌形象的金钥匙。

2018 年 8 月，中国二十冶承接了宝钢线材区域年修任务，这是线材投产以来第一次大规模在线改造，总工期只有 46 天，施工工期仅为 33 天。33 天内要完成混凝土拆除 1 500 立方米、机械设备拆除 1 377 吨、机械设备移位 500 吨、电缆拆除 98 000 米、新建设备基础 1 500 立方米、机械设备安装 1 377 吨、管道安装 68 吨、电缆敷设 129 000 米……工作量之大、工期之紧，在宝钢过去的年修历史上极为罕见。为了这个项目，宝钢股份还首次举办了年修开工仪式，足见此次任务特殊、意义非凡，业主对中国二十冶寄予了很大的信任，因此，干好干坏直接关系到企业的声誉，关系到以后的市场！

"中国二十冶必将倍加珍惜宝钢股份、钢管条钢事业部对我们的信任和重托……"时任中国二十冶技改公司总经理张诚在开工仪式上郑重承诺。"任务虽艰巨，但既然承诺了，那我们必须要遵守！"项目经理周继伟在开工筹备工作会议上如是说。在强大的工期压力和重大的责任使命下，大伙都憋足了劲，誓为信誉而战，要让业主相信——"选择二十冶就是选择放心！"

一掷千金，言出必行

今天的现场就是明天的市场。言必行，行必果，不负业主重托，让业主放心，路子才会越走越宽。

能不能经受住考验，按期交付？一开始，业主担心，中国二十冶从上到下也很担心。但开弓没有回头箭，越是艰难越向前。年修开工前四个月，项目团队就已经启动各项准备工作，技术方案编制、原有设备及管道拆除施工方案审查、动土手续、安全教育等全面进入备战状态，共计编制了 20 个施工方案，施工网络进度计划按小时排定，多达 715 条。

炎热的 8 月，密闭厂房，热浪翻滚，片刻之间，浑身就被汗水浸湿，一切都在考验着这支团队的意志。为保证工期，打赢这场硬仗，公司群策群力，集中优势，共计投入劳动力 625 人，分班组织，24 小时连续作业，争分夺秒。热火朝天的情景让人刻骨铭心，真实地记录着这支团队不屈不挠的奋战历程：8 月 30 日早上 6 点 30 分开始现场作业，连续工作了 13 个小时后，晚上又开始进行粗轧混凝土浇筑，一直持续到 31 日下午 3 点，整整鏖战了 33 个小时！每个人的工作负荷都很重，大伙都很疲倦，为了保障节点，全都熬红了眼睛，长板凳上倒头就能睡，清醒一点继续往前冲！再怎么艰难，从未听到有一个人说"不"字。集团公司总经理徐立、副总经理兼总工程师秦夏强等领导多次深入一线，密切关注着年修任务的进展；总经理助理于振江坐镇靠前指挥，日夜"督战"；项目经理周继伟，彻夜督战，忙得都顾不上喝水，嗓子嘶哑得都喊不出话，吃饭，吃着吃着，竟能睡着；电气调试班班长杨映宇，在 6 天的有限工期内，带着团队顶着压力，没日没夜地干，年修结束后，班组人员几乎是全部累倒，甚至有人还因此落下了病根。这样的故事，还有很多很多……

冶金人都有体会，宝钢业主向来严苛，做事情精益求精，要得到他们的认可或是赞许，是很不容易的，除非我们的服务能真正打动他们。但在这场年修之战中，业主多次感慨：把活交给中国二十冶，我们放心！也正是信守承诺、说到做到的诚信文化和关键时刻能抗、能战的吃苦精神，铸就了中国二十冶的信誉，中国二十冶的金字招牌越擦越亮！

选择二十冶就是选择放心

惟其艰难，更显勇毅，惟其笃行，弥足珍贵。

年修任务挑战重重，仅保障工期还不够，项目团队还要想方设法，从安全和质量保证方面兑现其专业可靠的承诺。最令业主担心的是精轧主电机、新精轧电机和1号、3号、5号轧机减速机的吊装，单台行车起重能力约为20吨，而四件设备重量超过30多吨，设备自重远远超出行车起重能力。

为解决难题，对业主负责，时任中国二十冶技改公司总经理的张诚亲自赶赴现场，跟着项目团队研讨方案到凌晨两点多。经过反复讨论，最终创新设计并确定了双机抬吊专项施工方案，为确保万无一失，吊装前反复模拟试吊，最终成功将这些"大家伙"吊装起来了。看到这惊人的一幕，连业主都竖起拇指点赞："中国二十冶果然是值得信任的！"

经过46天日日夜夜、不眠不休的鏖战，最终兑现了承诺。2018年9月28日17点6分热负荷联动试车顺利完成，集卷站成功收集线材，满足了宝钢业主对线材产品低温轧制的工艺要求，实现高等级品种及规格的进一步拓展，提高了线材产品的轧制质量。

这样的"二十冶速度"和"二十冶服务"再次震惊了宝钢业主，再次刷新了宝钢对中国二十冶"诚信之师"的认识。秉承着诚信服务的这张金名片，中国二十冶在激烈的市场竞争中闯关夺隘，奋力前行，完成了一项又一项质量过硬、广受赞誉的品牌项目，赢得用户青睐，也赢得了更多的市场。